petit doudou

세상 가장 착한 인형이 우리 집으로 왔습니다.

Je me souviens bien

le neuf et le vieux

Bonjour! mon doudou

OPENING

마음과 인형, 위로와 인형

처음 책을 내기로 한 것은 2009년 온 가족이 북유럽 여행을 다녀와서였습니다. 당시는 지금처럼 북유럽 열기가 뜨겁지 않은 때라 출판사에서도 가족과 함께 떠난 북유럽 여행에 아주 큰 관심을 보였죠. 그런데 써야 할 글은 쓰지 않고 다른 짓을 했습니다. 아이들을 데리고 산골짜기로 이사를 하는가 하면, 셋째 아이 임신과 출산까지 더해졌지요. 친환경 교육을 실천해 보겠다고 발리의 정글로 왔다 갔다 하는 불량 저자 덕분에 책은 감감무소식, 오리무중이 되어 버린 것입니다. 그럼 도대체 북유럽 여행 책은 내팽개치고, 뜬금없이 인형 책을 들고 나온 저는 누구냐고요?

인사할게요.

안녕하세요. 저는 세 아이를 키우며 저만의 꿈을 꾸고 있는 강수정이라고 합니다. 바느질을 잘하는 것도 아니고, 잘나가는 인형 클래스를 운영하는 것도 아닌데 이런 책을 내게 되어 정말 송구스럽습니다. 저는 그저 인형을 만들거나 오래된 물건을 수집하기 좋아하는 사람이라고, 저 자신을 소개하고 싶습니다.

인형 책을 내자고 출판사를 조른 것은 뒤늦게 셋째를 낳아 기르면서 아이들과 인형, 마음과 인형, 위로와 인형에 대해 다시 생각해 보았기 때문입니다. 내 손 안에 쏙 들어오는 작은 헝겊 인형이 뭐가 그리 위로가 되냐, 생각하는 분들도 분명 있을 것 같습니다. 하지만, 그럼에도 불구하고 인형이 주는 따뜻한 이야기를 꼭 하고 싶었습니다. 왜냐하면 내 아이가 인형을 품에 안고 행복하게 자랄 수 있으니 말입니다.

저는 결혼 후에도 오랫동안 미술 공부를 하고, 신사동 가로수길에 〈이그젝시스 스틸 드 아이〉라는 다소 길고 난해한 이름의 정체불명 숍을 운영하기도 했습니다.

작업실과 숍을 겸한 10평 남짓, 작은 공간에서 오래된 앤티크 소품과 제 마음에 들어 구입한 옷들, 문구류를 두서없이 판매하기도 했죠. 그런데 그곳에서 가장 인기 있었던 품목은 아이들을 키우면서 제가 만들었던 인형들이었습니다. 아이들이 무척 애착을 갖고 있던 터라, 함부로 팔 수도 없었는데 참 많은 사람들이 인형을 좋아했습니다.

인형을 원하는 사람들은 모두 저마다의 사연을 갖고 있더군요. 꼭 아이를 키우는 젊은 엄마들만 인형을 찾는 것도 아니었습니다. 어른이 된 본인을 위해서 구입하려는 경우가 더 많았던 것 같아요. 성년이 된 딸을 둔 중년의 아줌마도 비즈니스 슈트를 말끔하게 차려입은 회사원 남자까지도, 창밖에서 오랫동안 서성이다 들어와서는 인형을 사고 싶다고 말하는 통에 수시로 안절부절못했던 기억이 있습니다. 제 아이들을 위해서 만든 것이고, 하나밖에 없어서 못 판다고, 죄송하다고 거듭 거절하는 것이 어려워서 가끔은 인형 만드는 클래스를 열기도 했지요.

그럼 제가 가진 인형은 모두 만든 것들이냐고요? 그럴 리가요. 나름 수집 '광'이라고 불리는 여자이니 맘에 드는 인형을 볼 때마다 구입했죠. 육아 기간이 남보다 길었던 만큼 출장이나 여행길에 유럽과 아시아를 돌면서, 또 우리나라에 있는 편집 숍에서도 인형과 눈만 맞으면 사들여 모았던 것 같습니다.

인형 수업을 하고, 다양한 소재와 주제로 만들어진 인형들을 사 모으면서 느낀 것은 내 아이를 위해 만들 건, 나를 위해 만들 건(혹은 구입하건), 인형이 사람의 마음을 착하게 해준다는 사실이었습니다. 약해지는 마음을 보듬어주고 슬픈 마음을 위로해 주면서 말이죠. 그래서 인형의 장점을 널리 알리고픈 마음에 이 책의 제목도 〈착한 인형〉이라고 지었습니다.

손으로 무얼 만든다는 게 선뜻 내키지 않을 수도 있습니다. 솜씨가 없어도 좋아요. 진심 어린 마음과 소중한 시간을 담아낸다면 세상에서 단 하나뿐인 인형을 만날 수 있을 것입니다. 이 책에 소개된 인형들의 도안과 만드는 방식은 어떤 원단을 선택하느냐에 따라, 혹은 어떤 부재료를 더하느냐에 따라, 속을 채우는 솜의 양 등에 따라 결과가 다소 달라질 수 있습니다. 부디 그 다름을 즐겨주시기 바랍니다.

2016년 봄날, 강수정 씀.

CONTENTS

012 **OPENING** 마음과 인형, 위로와 인형

1 인형을 만들기 전에요

019 손으로 꿰매는 바느질 : 무엇이 내 마음을 위로해 주는 걸까?
020 바늘집 : 무슨 일에든 기본 준비가 필요하다
022 오래 묵을수록 좋은 천연 원단 : 난 명품 백은 없지만 명품 원단은 있다
026 감침질 & 홈질 : 깁다, 꿰매다, 잇다, 연결하다
032 바늘로 쓰는 엄마의 편지 : 만들기를 시작할 때 먼저 고려할 것들

2 이제 인형을 만들어 봐요

내 아이 친구, 두두
042 첫아이 노아의 파란 곰
046 둘째의 천사 인형 무아
050 셋째의 그림자 인형 오나
056 인형은 아직도 나의 좋은 친구 : 그리고 좋은 선물

입던 옷, 신던 양말로 만들어요
060 아기 때 신던 양말을 활용한 토끼
064 또 하나의 아기 양말로 만든 새
066 스웨터로 만든 토끼
072 신사 양말로 만든 고양이

손쉬운 커트지 인형
084 커트지로 만든 너구리 인형
090 원단 프린트 그대로 오려 만든 새 인형
092 유니세프 키트 아우인형
096 느긋하게 기다리기 : 아이도, 인형도 기다릴수록 멋지게 자란다

못 생겨도 괜찮아! 꿈을 주는 인형

- 102 파란 곰 친구 니트 토끼
- 106 자투리 원단으로 멋을 낸 롱다리 토끼
- 110 팔이 길어서 꼭 끌어안을 수 있는 사자와 곰
- 120 돼지를 산책시키는 소녀
- 126 꿈을 응원하는 파랑새
- 136 향기 품은 버섯
- 140 행복한 추억을 가득 담은 꽃팔찌
- 148 통통할수록 감촉 좋은 양
- 150 친해지고 싶은 펠트 토끼

혼자서는 살 수 없어요! 멸종 위기 동물 인형

- 156 기억하고 싶은 멋쟁이 반달곰
- 160 날개 없는 키위새

여행 중에 만난 친구들을 소개합니다

- 168 발리에서 만난 친구들
- 170 메이드 인 프랑스
- 173 가방 속에 사는 인형들

3 인형 본은 여기 있어요

- 178 ENDING 평생 친구, 만나셨나요?

인형을 만들기 전에요

생각보다 어렵지 않습니다. 준비물도 많이 필요없어요.

바늘과 실, 작은 원단만 있으면 되지요.

양말이나 스웨터, 입던 옷도 좋아요.

그리고 내 아이를 사랑하는 마음, 정말 그거면 돼요.

손으로 꿰매는 바느질
: 무엇이 내 마음을 위로해 주는 걸까?

나에겐 짬이 나면 무언가를 잇고 꿰매는 버릇이 있다. 그렇다고 바느질을 배운 적은 없다. 지금 생각하면 창구멍으로 뒤집기도 못하고, 바느질의 기본도 모르면서 인형을 만들기 시작한 건 아이들을 위해 내 손으로 무엇이든 해주고 싶은 마음에서 시작된 것 같다. 평생 만드는 것과 인연이 없던 사람도 아기가 찾아오면 이불이며 딸랑이, 인형 등을 만들곤 하니 말이다. 아이를 기다리며 필요한 것들을 준비하는 동안 인형을 선택한 건, 독일 친구 집에 놀러갔을 때 할머니의 할머니로부터 물려받았다는 인형을 본 기억 때문이다. 손이 많이 닿은 곳은 몇 번이나 덧대고 기워서 천이 나달나달해진 부드럽고 따뜻한 인형이 찡잉~ 내 가슴을 울렸다. 손으로 만들어 사랑받았던 물건에는 그것만의 좋은 기운이 있다. 보기만 해도 행복해지는 인형. 마음을 착하게 만들어주는 인형.

나에게도 할머니의 바느질에 대한 추억이 있다. 어릴 적 일하는 엄마 대신 나와 동생을 봐주시던 할머니는 우리 남매가 자고 있을 때면 불을 약하게 켜놓고 머리맡에서 양말을 기워주셨다. 할머니가 꿰매 주던 양말은 여기저기 구멍을 막느라 삐뚤빼뚤 감침질로 덧대고 덧대어 점점 작아지고, 신으면 발가락을 움직이기조차 불편했지만 우리는 한 번도 불평한 적이 없었다. 어린 마음에도 할머니가 꿰매주신 양말이 고마웠던 것 같다. 20년 넘은 나의 바느질 실력은 아직도 썩 그렇게 훌륭하진 않다. 잘하지도 못하면서 왜 이런 걸 좋아할까?

내겐 그냥 바느질하는 그 시간이 중요하다. 못생겨도 내 자식이라는 자신감. 못생기고 못나도 나의 마음을 담은 결과물이 소중하니까. 인형을 만들 때뿐만 아니라 바느질을 할 때도 아이들과 함께 하는 경우가 많다. 바느질감을 펼쳐놓기만 하면 어느새 아이들이 다가와 앉아 자기들도 주섬주섬 무언가를 만든다. 아이들과의 교감은 생각지도 못한 결과물들을 만들어낸다. 그래서 인형을 만들기 전에, 아이들에게 스케치를 부탁하곤 한다. 아이들이 자유롭게 그린 그림을 보면서 웃음이 절로 나거나 하늘이 노랗고 연두색인 독창적인 컬러 감각에 박수를 치며 즐거워할 수 있는 건, 자유로움 안에 개성이 담뿍 담겨 있기 때문일 것이다. 어른들이 만들어놓은 등가공식에 대한 선입견을 깨버리기 때문이다.

이 책에 실린 반달 곰도, 키위새도, 아이들이 매의 눈으로 캐치해 낸 특징을 잡아서 만들었다. 이 인형들을 만드는 동안 아이들은 어김없이 내 앞에 자리 잡고 앉아 자기만의 바느질을 시도했다. 실은 안 하는 게 엄마 도와주는 일이지만 말리지 않았다. 손으로 무언가를 만드는 기억이 따뜻하게 아이들에게 남기를 바라며.

바늘집
: 무슨 일에든 기본 준비가 필요하다

자랑은 아니지만 나에겐 '도구병' 같은 게 있다. 뭘 하든 도구를 제대로 갖춰야만 시작할 수 있는 것이다. 손바느질을 시작할 참이라면 바느질 도구함 하나 정도는 먼저 만들고 시작하는 것이 좋겠다. 그래야 동기부여가 된다. 마무리가 힘들지 않게 올이 풀리지 않는 펠트 원단이나 나처럼 가죽이 있으면 그것도 도구함으로 손색이 없겠다. 가죽 안에 광목을 접어 바늘 꽂을 자리를 만들고 펠트를 잘라 꿰매어 덧댔다. 그 다음 착착 접어서 똑딱단추로 여미면 된다.

오래 묵을수록 좋은 천연 원단

: 난 명품 백은 없지만 명품 원단은 있다

집 안의 가장 구석진 곳에 숨어 있는 내 작업 방에는 항상 원단이 쌓여 있다. 깔끔하게 정리를 잘하는 사람들이 본다면 당장 이사를 나가거나, 재활용 더미라고 생각할 수도 있을 만큼 어수선한 공간이다. '쌔끈한' 새것보다는 유럽 어디쯤의 벼룩시장이나 동남아 마켓에 들렀다가 눈이 돌아가서 사들고 온 원단들이 대부분이기 때문이다.

앤티크라고 해야 하나, 빈티지라고 해야 하나. 하여튼 난 참 오래된 것들을 좋아한다. 남들은 먼지가 난다고 싫어하기도 하지만, 나는 원단이 롤째로 말려 천장까지 쌓여 있는 원단시장을 좋아한다. 그래서 시간만 나면 뛰어간다. 딱히 원단을 살 목적이 없을 때도 구경하러 간다.

동대문종합시장도 종종 가지만 진짜 보물은 광장시장 원단 골목에 많다. 동대문 원단시장은 홈패션 원단을 구입하기에 좀 더 쉽고, 광장시장은 브랜드 옷 원단 자투리들이 많아서 독특한 원단이나 수입 원단, 앤티크 원단을 발견할 수 있기 때문이다. 이상하게 나는 원단을 구입하면 한 5년 정도는 묵혀 놔야 가위질을 할 생각이 든다. 천연 원단일수록 오래 두면 하얗고 보송보송하던 색깔도 세월의 흔적을 담아 천재 염색가도 흉내 내지 못할 빛바랜 색을 띠게 되기 때문이다. 둘째 아이에게 아토피가 있어서 100% 면이나 리넨 원단 위주로 고르다 보니 더욱 그렇다.

하지만 진짜 좋은 건 백 년도 훨씬 전에 누군가가 쓰다가 흘러 흘러 내 손에까지 들어온 앤티크 원단들이다. 비싸긴 하지만 광장시장에서 잘 고르면 깜짝 놀랄 만큼 저렴한 가격에 구할 수도 있다. 그렇다고 일부러 앤티크 원단만 찾아다니는 건 아니다. 내 손에 들어와 오랜 시간을 같이하면 그게 앤티크가 되고 빈티지가 된다고 생각하기 때문이다.

그래, 나는 그런 것들이 좋다.

특히 천연 염색한 원단은 특별 대접을 받으며 한곳에 쌓여 있다. 새하얗게 표백하거나, 쨍하게 고른 색을 내는 것보다는 여기저기 올도 뭉쳐 있고, 매끈하지 않은 것들이 더욱 사랑스럽다. 언젠가 발리 우붓에서 만난 천연 염색 장인에게 이런저런 원단을 구입하면서 물어보았다.

"천연 염색한 원단들은 시간이 지나면서 색이 바래는데 무슨 방법이 없을까요?"

"자연에서 나서 사람의 손으로 만든 건데 변하는 걸 막을 수가 있겠어요?"

맞다. 정답이다. 눈이 팽팽 돌아가도록 빠르게 변하는 디지털 사회에서 오히려 손으로 만든 것들의 가치가 점점 높아가고 있는 걸 느낀다. 사람들이 찾고 싶어 하는 것은 바로 이런 작은 여유, 나를 위한 따뜻한 마음, 소중한 쉼표 같은 것들이라고 나는 믿는다.

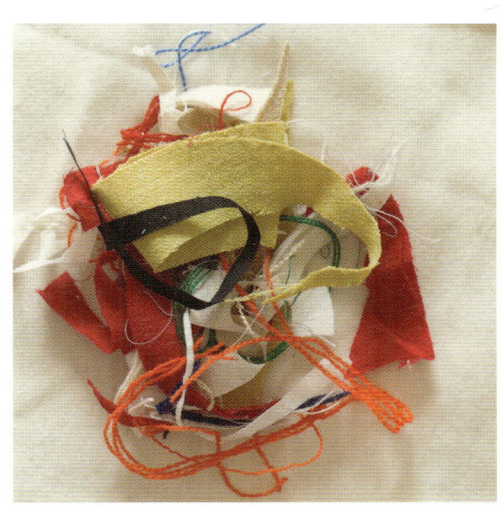

linen 피부에 닿는 촉감이 시원하고 땀 흡수를 잘하며 무엇보다 피부에 자극을 주지 않아 아이들을 위한 인형 만들기에도 제격이다. 리넨은 핸드메이드 작업을 하기에 좋은 소재. 별다른 시접 처리 없이 자르기만 해도 되고, 수를 놓기도 쉽다. 리넨 위에 수를 놓으면 섬세한 디테일은 물론 자연스러운 멋까지 동시에 살릴 수 있다. 좋은 리넨 원단은 자투리까지 버리지 말고 이리저리 이어 써도 좋다.

felt 올이 풀리지 않는 펠트 원단은 바느질이 서툰 초보자에게 특히 권하고 싶은, 인형 만들기에 최적의 소재다. 예전에는 펠트 원단 컬러가 다양하지 않았는데 요즘은 동대문종합상가 5층에 가면 색도 예쁘고 감촉도 좋은 펠트 원단이 참 많다.

cotton 순면 원단은 프린트와 무지가 있는데 인형을 만들 때는 기본 베이스로 더블 거즈, 융, 광목 등 잔잔한 무지 원단을 쓴다. 여기에 디자인이 몰라보게 훌륭해진 프린트 원단을 고루 섞어서 쓰면 예쁜 인형 만들기가 한층 수월해질 것이다. 요즘은 인터넷 클릭 한 번으로 다양한 국산 원단이나 수입의 디자이너 프린트 원단을 구할 수 있어 편리하다.

감침질&홈질

: 깁다
  꿰매다
  잇다
  연결하다

한 번도 제대로 바느질 교육을 받지 못한 나지만 한때 인형 만들기와 가방 만들기 수업도 한 적이 있다. 막바느질의 대가인 내가 수업을!

바늘땀이 기계처럼 고르지 않아도 내게 수업을 시작하자고 졸랐던 사람들은 분명 나와 함께 바느질하며 마음의 평안을 얻는 기쁨을 나눴기 때문일 거라 믿고 싶다. 내가 가장 즐겨 사용하는 바느질은 홈질과 감침질이다. 이 둘은 세상 편하면서 어디에나 쓸 수 있는 기법이라고 주장하고 싶다. 꿰매고 잇는 걸 좋아하는 나는 원단뿐 아니라 종이는 물론 다양한 오브제를 실로 꿰매는 작업을 즐긴다.

가족들이 여행 다녀온 추억을 남길 때도 노트 안에 붙이기나 꿰매기, 덧대기 놀이를 하며 여행 기록부를 만든다. 가느다란 실로 평평했던 조각이 이어지고 입체적인 생명력을 갖게 되는 걸 보는 기쁨은 바늘 잡은 사람이라면 누구나 공감할 것이다.

막바느질로 20년 가까이 거칠 것 없이 만들고 싶은 것 다 만들며 살던 내가 요즘은 자수와 천연 염색 무형문화재 선생님께 한국의 전통 자수를 배우고 있다. 한없이 치밀하고 섬세한 작업이다.

전 세계를 돌고 돌아 좋은 것을 찾았지만 이제는 우리 것이 제일 예쁘고 멋지고 쿨하다는 걸 깨달았다고나 할까?

이 책에서 인형 만드는 데 필요한 바느질은 감침질, 공그르기, 홈질이다. 그중 단연 감침질이 가장 많다. 뒤집거나 원단의 올 풀림에 익숙하지 못한 첫 바느질이라면 더욱더 유용하게 쓸 수 있으니 적극 추천한다.

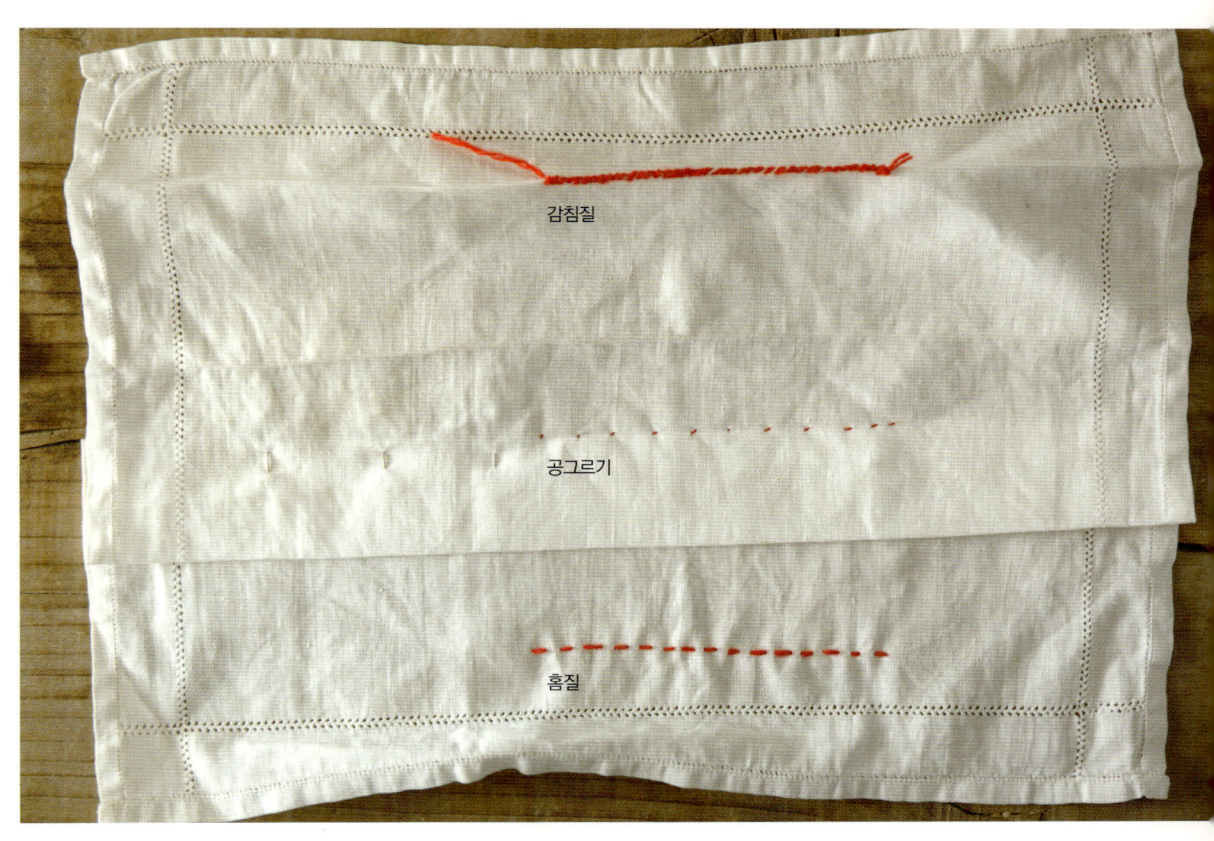

자투리실, 시침핀, 해묵은 단추의 조합은 늘 정답다.

바늘로 쓰는 엄마의 편지

: 만들기를 시작할 때 먼저 고려할 것들

인형 책이나 패키지에 주어진 설명서를 보면 도통 이해가 되지 않아 어리둥절하던 때가 생각이 난다. 그래서 첫 인형 파란 곰은 일부러 양모 펠트를 선택하여 뒤집기를 안 해도 되는 재료와 방식을 찾아 만들었다. 초보라면 창구멍, 뒤집기, 감침질이 필요 없는 이 방법을 권한다. 첫째 아이 노아가 태어난 그 순간부터 만지고 느끼게 해주고 싶은 욕심에 정신없이 만들었다. 아이를 위해 자동차를 번쩍 드는 엄마처럼, 마음만은 초보가 아니라 능숙한 인형 작가였나 보다. 그렇지만 인형 만들기를 시작하기 전 한번쯤 짚고 넘어가야 할 것들이 있어 소개하고자 한다.

1. 마음을 덥히다
인형을 만들기 전에 우선 선물할 대상을 생각해 본다. 그 사람에게 이 인형이 어떤 느낌을 줄지 말이다. 웃음을 줄게 될지, 울컥함을 줄지, 따뜻한 마음을 줄지 등을 미리 가늠해 보는 것이다.

2. 재료 선택
인형이 꼭 원단으로만 만들라는 법은 없다. 아무것이든 괜찮다고 하면 너무 막연한 느낌을 줄지도 모르겠지만, 하여튼 올이 잘 풀리거나 쉽게 늘어나는 소재가 아니라면 괜찮다.

3. 바느질
원단에 따라 바느질이 다르지만 올 풀림이 없는 펠트나 가죽이라면 겉으로 홈질하는 방식이 좋고, 올이 풀리기 쉬운 원단은 안쪽으로 접어서 공그르기를 하거나 감침질을 한다.

4. 눈, 코, 입 표현하기
마무리 작업에 필수인 눈, 코, 입 만들기. 원단이 잘 늘어나는 경우라면 나중에 표현하는 게 좋고, 빳빳한 원단이나 펜으로 표현하고 싶은 부분이 있다면 솜을 넣기 전에 재단하고 작업하는 것이 좋다.

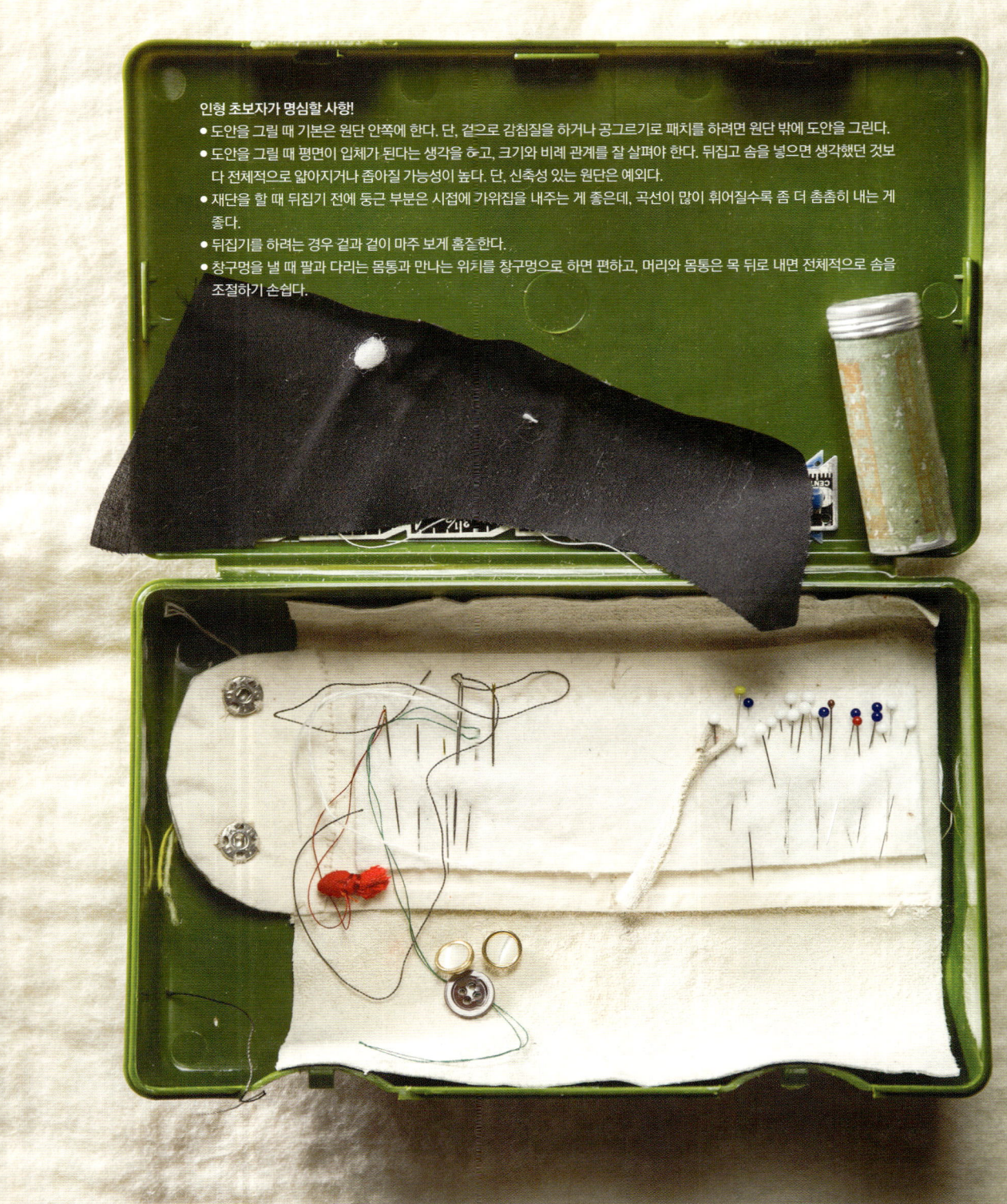

이제 인형을 만들어 봐요

준비됐나요?

무엇이든 만들고 싶은 마음이 생겼나요?

사랑하는 사람을 위해 만들어 보는 인형.

차근차근 시작해 봐요

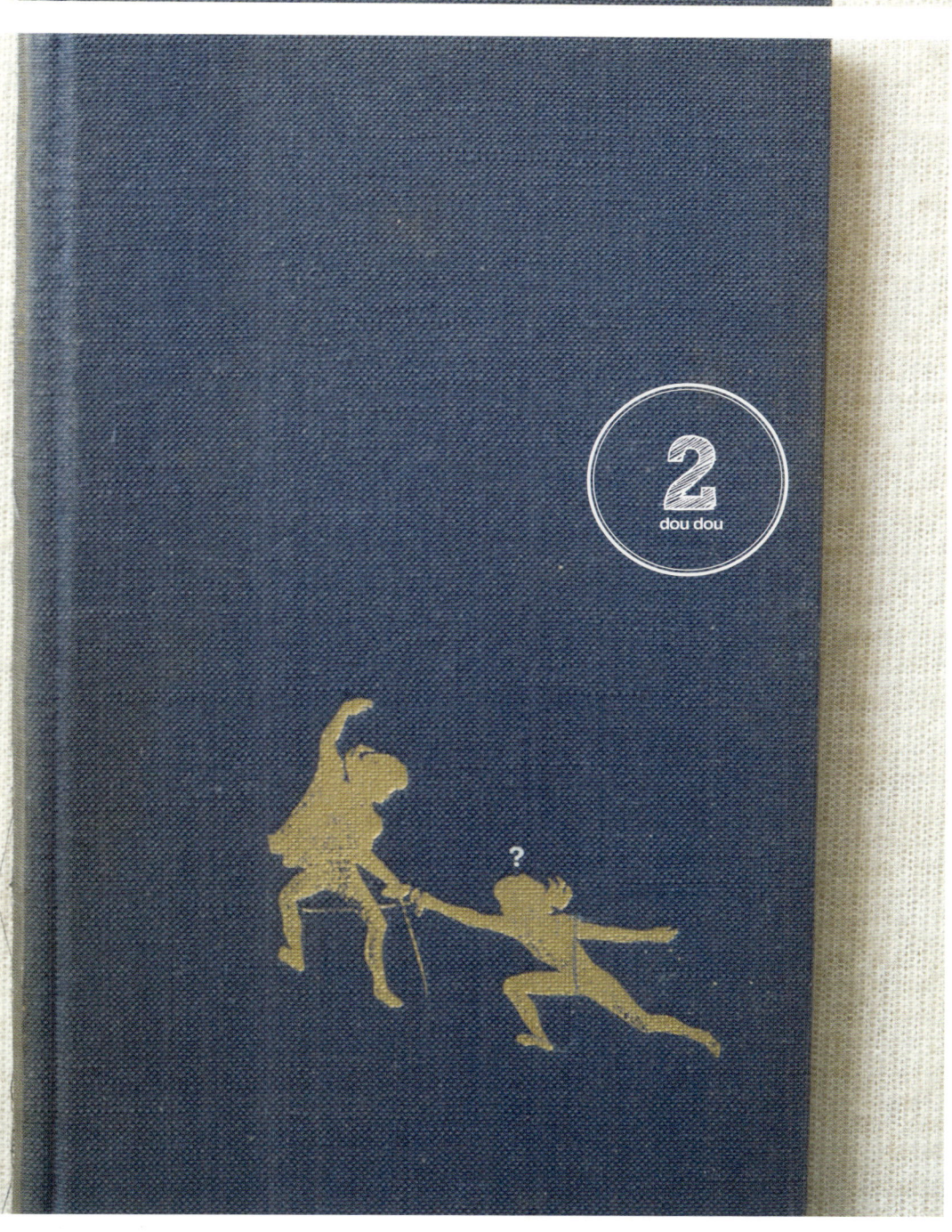

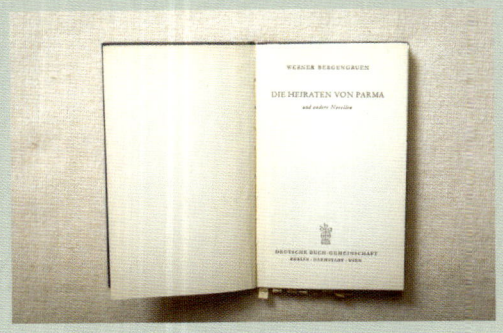

내 아이 친구, 두두 Mon doudou

프랑스에서는 아기가 태어나면 엄마가 아이의 짝꿍 인형 두두를 선물해 준다. 'doudou'는 프랑스어로 애인이라는 뜻인데, 프랑스 아이들이 혼자서 잠을 잘 때 꼭 껴안고 자는 인형을 뜻하는 말로 사용된다. 아이는 자라는 동안 두두와 함께 옷을 갈아입기도 하고, 더러워진 두두를 깨끗하게 목욕시켜 주기도 한다. 엄마가 아이를 돌보듯, 아이도 그렇게 두두를 돌보며 친구가 된다. 어른이 된다.

첫아이 노아의 **파란 곰**

프랑스에서 공부하던 유학생 부부에게 아이가 찾아왔다. 아이에게 무엇을 해줘야 할지 모르는 철없던 엄마. 마음이 담긴 선물을 하고 싶어 인형을 만들어줘야겠다고 생각했다. 맞다. 내 얘기다. 가장 기본인 곰 인형을 만들기로 했는데 바느질이 처음인 내게 꿰매고 뒤집고 감침질해서 연결해야 하는 입체 인형은 아무래도 무리였다. 그래서 고민 고민하다가 펠트를 겉에서 꿰매기로 했다. 아이를 생각하며 한 땀씩, 삐뚤빼뚤 이어가던 바느질이 어느덧 끝나고 마침내 하나의 인형이 탄생했다. 첫아이 노아의 사랑을 듬뿍 받았던 파란 곰. 못난 솜씨인데도 보는 사람들마다 귀엽다고 칭찬해 주었던 곰. 저 파란 곰에게 어떤 매력이 있는 걸까, 생각해 보았다. 단 하나의 이유, 마음을 담으면 특별해진다는 평범한 답을 내놓을 수밖에 없겠다.

인형이 좋아 모으기 시작하자 어느덧 파란 곰에게 친구가 많이 생겼다. 'Habita'에서 오래전 구입한 곰 인형. 낡은 빈티지 곰 인형들은 그냥 두고 보기만 해도 흐뭇한 웃음이 떠나지 않는 우리 집 보물이다.

재료 | 펠트 원단, 검정 콩알 모양 단추 2개, 팔다리 연결용 단추 4개, 갈색·아이보리색 자수실, 방울솜, 돗바늘

만들기 |

1 도안을 원단 앞면에 그린다.

2 원단에 시접을 0.7cm 정도 남기고 자른다. 올이 잘 풀리고 두툼한 원단일수록 시접을 넉넉하게 잡는 것이 좋다.

3 머리 부분은 4조각 중 가로 시접 부분을 각각 먼저 홈질한다.

4 팔은 3조각 중 손바닥과 안쪽 팔 부분을 먼저 연결하여 홈질한 후 솜을 넣는다.

5 다리는 3조각 중 발등에서 뒤쪽까지 먼저 홈질한 후 솜을 넣고 발바닥을 홈질한다.

6 몸통 4장도 안끼리 마주대고 겉에서 홈질로 잇는다.

7 귀는 반원 부분을 먼저 홈질로 잇고, 머리 양옆에 붙여 홈질로 얼굴과 연결한다. 그다음 눈, 코, 입을 표현한다.

8 얼굴, 몸통에 각각 솜을 넣는다.

9 팔다리는 돗바늘을 이용하여 단추로 고정시켜 꿰맨다. 돗바늘을 여러 번 교차시켜 양팔을 몸통에 고정한 뒤 단추를 대고 다시 돗바늘을 교차시켜 단추를 고정시킨다. 마무리를 할 때는 돗바늘을 반대쪽 팔 겨드랑이 쪽으로 빼내 매듭지은 뒤 다시 몸통 반대편으로 실을 빼내 매듭이 인형 안으로 쏙 들어가도록 마무리한다.

10 몸통과 머리는 뒤 중심선끼리 맞춰 시침핀으로 고정한다. 긴 돗바늘에 실을 꿰어 얼굴 쪽에서 바늘을 빼내 얼굴과 몸통을 홈질로 튼튼하게 연결한다.

11 전체 시접을 가위로 정리한다.

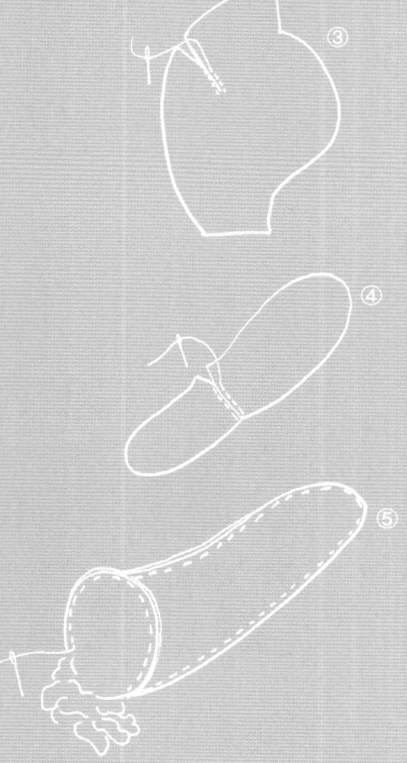

아이와 함께 나이 먹어가는 두두

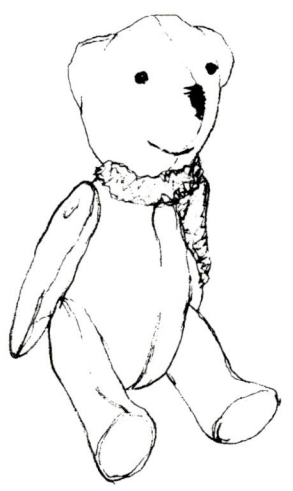

둘째의 천사 인형 **무아**

손으로 만드는 걸 좋아하는 나. 오래된 물건을 좋아하는 나. 천연 재료로 만든 원단을 좋아하는 나. 그래서 빈티지 자수 원단을 보면 무조건 집어들고 만다. 내가 만드는 인형은 본도 단순하고 팔다리에도 특별한 기교를 부리지 않는다. 그냥 정직하다. 순하고 착한 표정으로, 서툴지만 진심을 담은 정성으로 승부를 한달까? 자수 원단을 섞어 쓰거나 눈, 코, 입, 얼굴을 수놓으면 더욱 순박하고 따뜻한 인형이 완성된다. 우리 둘째의 인형은 바로 이런 자수 원단으로 만들었다.

셋째 아이의 인형을 만들자 동생이 생겨 기대 반, 경계 반이던 둘째가 본인의 인형도 다시 만들어달라며 "날개를 달아줘!"라는 주문을 했다. 갓난아기가 아니어도 나른한 오후 누워서 나만의 인형을 마주 보고 있노라면 정말 따뜻한 기분이 든다. 눈높이를 같이 한다는 것, 서로를 바라보는 것. 그것만으로도 아이들은 두두가 자신을 지켜준다고 생각하는 것 같다.

재료 | 밝은 리넨 원단, 날개용 리넨 원단, 앞판용 무늬 원단, 머릿수건용 아사 원단, 2가지색 자수실, 방울솜

만들기 |

1 도안을 원단에 그린다.

2 원단에 시접을 1cm 정도 남기고 자른다. 올이 잘 풀리고 두툼한 원단일수록 시접을 넉넉하게 잡는 것이 좋다.

3 앞판용 얼굴 부분과 몸통, 다리는 겉끼리 맞대고 먼저 잇는다. 같은 방식으로 뒤판 조각들도 연결한다.

4 인형의 뒷면이 될 원단과 앞면이 될 원단을 서로 겉끼리 마주 보도록 겹친다.

5 몸통의 등 부분은 솜 넣을 창구멍 7cm 정도를 제외하고 박음질 또는 손바느질을 한다. 홈질도 좋지만 박음질이 튼튼하다.

6 박음질 선 바깥으로 시접을 1cm 남기고 원단을 잘라내고 곡선 부위의 시접에 가위집을 낸다.

7 창구멍을 통해 원단 안팎을 뒤집는다.

8 창구멍을 통해 다리나 코처럼 좁은 부위부터 솜을 통통하게 채워 넣는다.

9 날개 부분도 몸통과 연결되는 부분은 창구멍만 남기고 겉끼리 맞대어 박음질하고 뒤집는다. 날개 밑 부분은 홈질로 모양을 낸다.

10 몸통의 창구멍에 날개를 끼워 넣고 홈질로 연결한다.

11 인형의 눈과 입 등은 수성 펜으로 밑그림을 그린다.

12 털실이나 자수실을 바늘에 꿰어 눈, 코, 입을 스티치로 표현한다.

13 머릿수건을 머리에 묶어준다.

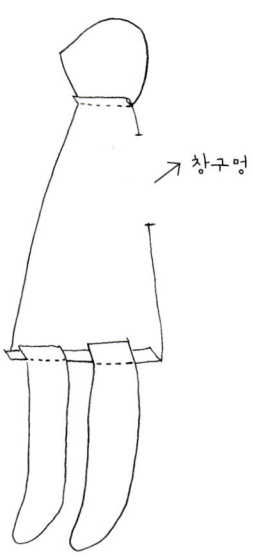

셋째의 그림자 인형 요나

셋째 아이 임신에 엄마는 또 인형 만들 궁리를 했다. 누워만 있는 아기 옆에 놓아주는 인형이 천장만 보고 있는 게 마음이 쓰였다. 아이가 고개를 돌리면 마주보는 인형이라면 어떨까? 그래서 만든 것이 그림자 인형이었다. 아이가 자다 깨어서 보면 본인을 마주 바라봐주는 인형, 진정한 두두가 아닐까? 인형의 이름은 아이의 태명인 '요나'라고 지어주었다.

재료 | 리넨 원단, 몸통용 프린트 원단, 갈색·파란색 자수실, 방울솜

만들기 |

1 도안을 원단에 그린다.

2 원단에 시접을 1cm 정도 남기고 자른다. 올이 잘 풀리고 두툼한 원단일수록 시접을 넉넉하게 잡는 것이 좋다.

3 얼굴, 몸통, 귀, 다리는 겉끼리 맞대어 창구멍을 남기고 박음질한다.

4 곡선 부위의 시접에 가위집을 낸다.

5 창구멍을 통해 원단 안팎을 뒤집는다.

6 얼굴, 몸통, 다리는 창구멍을 통해 좁은 부위부터 솜을 통통하게 채워 넣고 창구멍의 시접은 안으로 접어 넣고 감침질한다.

7 귀는 시접을 안으로 접어 넣고 얼굴 양옆에 감침질로 연결한다.

8 얼굴과 몸통은 시침핀으로 고정하고 감침질로 연결한다.

9 다리는 몸통 앞뒤로 살짝 올라오게 시침핀으로 고정하고 감침질로 연결한다.

10 마무리로 얼굴에 수실을 사용하여 눈과 코를 완성한다.

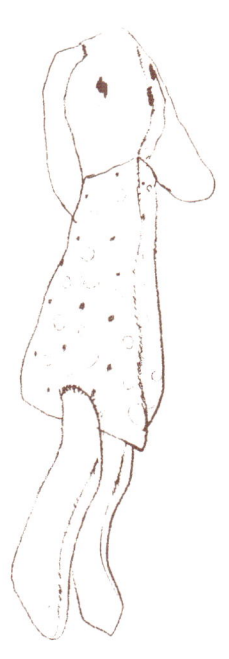

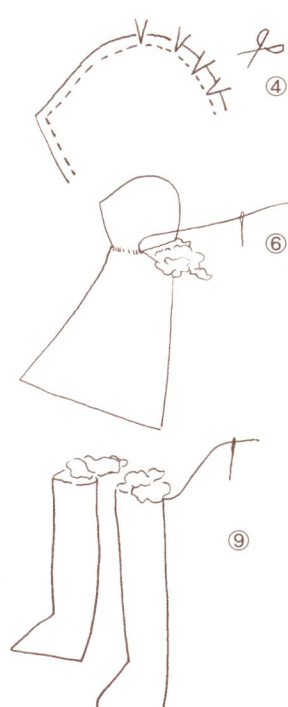

태어 날 때부터 단짝 인형

언니, 오빠가 학교 가고 나면 본격적인 인형놀이가 시작됩니다.

인형은 아직도 나의 좋은 친구
: 그리고 좋은 선물

지금은 기억 속에 묻힌 나의 가게. 앞장에서도 말했던 10년 전의 그 가게. 신사동 가로수길이 지금처럼 북적거리지 않았을 때, 과감히 열었던 작은 숍 〈이그젝시스 스틸 드 아이〉. 프랑스에서 공수한 빈티지 가구와 소품, 내 눈에 좋아 보이는 아이 옷들, 문구류 등을 두서없이 모아놓은 나의 작업실이자 소통의 장이었다. 전시장도 되었다가 가방이나 인형 만들기 수업 교실도 되었다가 매일매일 내 맘대로 변신시켰던 소중했던 공간이다. 가게 주인이 월세를 너무 많이 올려 쫓기듯 문을 닫았지만…. 남편은 가끔 우스갯소리로 '망한 가게'라고 말하곤 하지만 언젠가는 또 어느 길모퉁이엔가 다시 열고 싶은 그런 곳이다.

10평 남짓한 그 공간에서 가장 사랑받은 것은 부끄럽지만 바로 내가 만든 인형들이었다. 지금처럼 핸드메이드 인형이 유행하지 않았을 때였는데 탐내는 사람들이 하도 많아 인형 만들기 수업도 시작했던 기억이 있다. 하지만 그 모든 인형들이 늘 내 옆에 있었던 것은 아니다. 이런저런 사연을 가지고 훌쩍 나를 떠나기도 했었다.

그래서 인형을 만들면 기념 삼아 사진을 찍어서 책 안에 붙여놓았는데 그중 가장 많이 떠나보낸 건 날개 달린 새 인형들이다. 똑같은 걸 여러 번 만드는 걸 싫어하는 내게도 반복적인 작업이 싫지 않은 경우가 있었는데 바로 새를 만들 때였다.

생각해 보면 가게에 앉아 있으면서 늘 새를 만들었던 것 같다. 워낙 취향 타는 가게인지라 늘 손님이 북적이는 건 아니었다. 대부분 한가했던 그때. 심심한 시간에 앉아서 할 수 있는 최고의 놀이는 손을 움직여 무언가를 만드는 것이었다. 아는 친구, 고민이 있는 친구들에게 인형을 만들어주는 버릇은 그때부터 시작되었다.

어른이 되면 흔들리지 않는 굳건한 나무가 될 줄 알았는데, 그게 아니라는 걸 깨달았을 때 사람들은 어떻게 대처할까? 누군가에게 그 좌절감을 털어놓을 수 있다면 그래도 행복한 사람이다.

'나는 아무것도 아니었나 봐.'

'내 마음대로 할 수 있는 게 아무것도 없구나' 하며 좌절감에 침잠해 있을 때(독립된 인간으로 살던 여자가 엄마가 되면 이런 경우가 얼마나 많이 찾아오는지) 누군가의 위로와 지지 없이, 긴 터널을 빠져나오기란 쉽지 않다.

터울이 지는 세 명의 아이를 낳아 기른 나 역시 주변의 도움을 참 많이 받았다. 그래서 더더욱 주변의 친구, 동생들이 저마다의 이유로 힘들어할 때면 오직 그 사람만을 생각하면서 인형을 만들었다. 그의 장점, 그의 미래, 그의 사랑스러움. 가만히 보면 그런 것은 찾을수록 수두룩하다.

사람은 힘든 일이 닥치면 그전까지 잡고 있던 것을 놓치게 된다. 사실은 그때 놓지 않는 것이 진정한 용기라고 생각하지만 그것만큼 힘든 일도 없는 것 같다. 묵묵히 응원하면서 '너만의 파랑새'를 찾으라고 말을 건네듯 전해 주는 인형은 나에게도 기쁨이 된다.

누군가의 마음을 다정하게 어루만져주는 일은 그 사람뿐만 아니라, 나 자신에게도 분명 힘이 된다.

그래서, 그래서 나는 아직도 인형이 좋다. 참, 좋다.

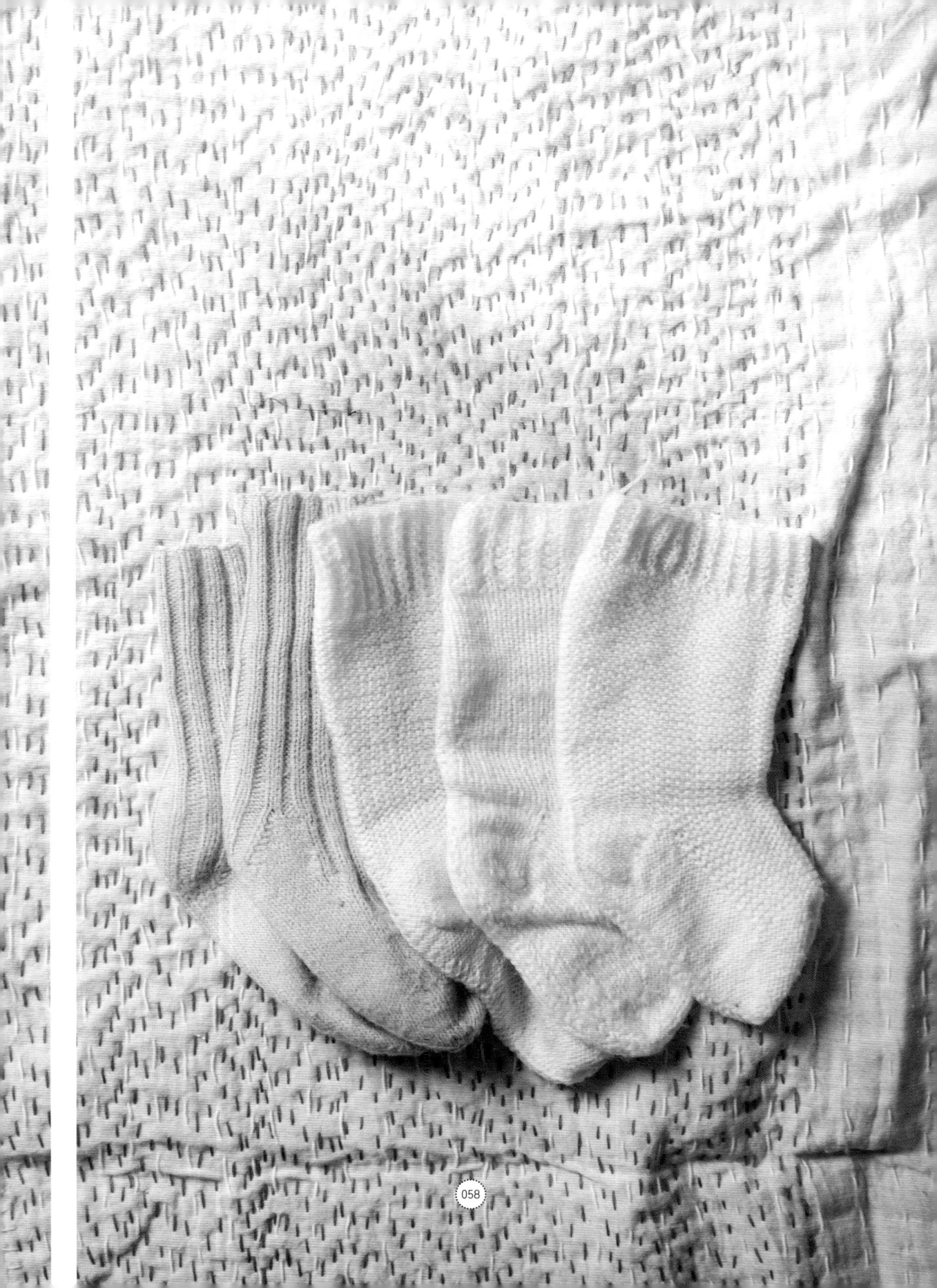

입던 옷, 신던 양말로 만들어요

아이 옷을 버리지 못했다. 그맘때 입었던 아이가 떠올라서 그랬다. 자꾸 짐이 되는 것 같아서 추릴 것은 추리고 진짜 소중한 것을 하나씩 골라 인형으로 만들었다. 상자에, 창고에 추억을 쌓아 놓기보다는 늘 곁에 두고 웃을 수 있는 인형이 나중에 아이가 자랐을 때도 좋을 것 같아서 그랬다. 시집 장가가면 들려 보내서 손주들더러 가지고 놀라고, 아이들이 훌쩍 큰 지금도 인형을 만든다.

아기 때 신던 양말을 활용한 토끼

어느 집이나 아기가 생기면 신기지도 못할 작은 양말과 신발들을 잔뜩 사들이는 것 같다. 나 역시 아이가 미끄러지지 말라고 너무나도 예쁜, 바닥에 고무로 모양 낸 양말을 색색별로 많이도 사들였다. 작아지는 아이 옷, 낡아서 누군가에게 줄 수도 없는 양말. 커가는 아이들과 그 뒤로 쌓이는 옷들을 보며 추억할 무언가를 남기고 싶었다.

재료 | 색상이 다른 아기 양말 3장, 갈색·파란색 자수실, 방울솜, 펠트 방울

만들기 |

1 일러스트를 보고 재단한다.
2 팔과 다리 부분은 크기에 맞게 접은 후 홈질하여 뒤집고 솜을 넣는다.
3 몸통에 솜을 넣고 양쪽 다리를 감침질로 연결한다.
4 팔과 귀는 공그르기로 단다.
5 눈, 코, 입은 스티치로 표현한다.
6 엉덩이에 펠트 방울을 꼬리로 달아준다.

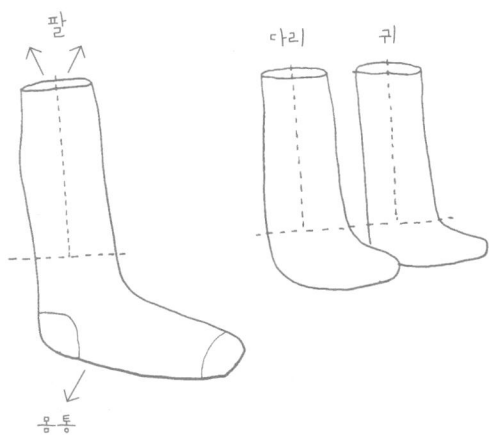

또 하나의 아기 양말로 만든 새

작은 양말로 아이 손에 쏙 잡히는 새 인형을 만들었다. 유선형이라 손에서 놓치지 않고 물고 빨 수 있다는 것도 나름 장점이다. 날개는 손을 많이 타면 떨어지기도 하지만 다시 꿰매면 되니까 괜찮다. 아이가 좀 더 커서 가지고 놀지 않을 때는 창틀이나 액자 위에 얹어 놓으면 되니 두고두고 보물이다.

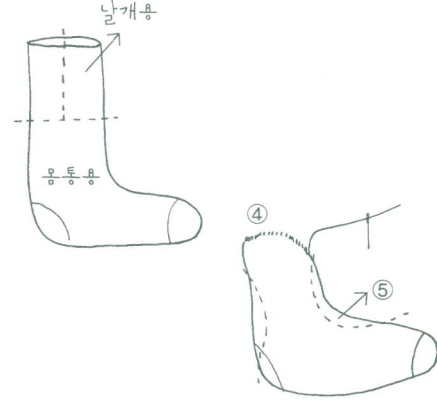

재료 | 아기 양말 1장, 단추 2개, 방울솜

만들기 |

1 아기 양말 한 장을 준비한다.

2 발목 부분을 재단한다.

3 새 머리 부분이 되는 창구멍에 솜을 넣는다.

4 창구멍을 막으며 새 머리 형태를 만든다.

5 목과 등, 허리 부분에 주름을 넣으며 공그르기를 한다.

6 재단한 발목 부분은 반으로 자른 후 양쪽 날개로 만든다.

7 날개는 공그르기로 단다.

8 새 부리는 남은 조각을 뾰족하게 접어 감침질로 고정한다.

스웨터로 만든 **토끼**

나는 어릴 적 사진을 볼 때마다 '저 스웨터가 지금도 남아 있다면 얼마나 좋을까' 하는 생각을 한다. 너무 유난을 떠는 건가? 트렁크 한가득, 아이들이 어렸을 적 입었던 스웨터와 바지, 원피스를 모아 두었다. 손주들에게 입히고 싶다는 건 욕심인 것 같고, 아이들이 가지고 놀 수 있을 때 인형을 만들어야겠다 싶었다. 아기 키만 한 수입 니트 인형도 예쁘고 사랑스럽지만, 솜씨 있는 엄마들은 대바늘로 직접 니트 인형을 뜨기도 하지만, 아이들이 입던 스웨터로 만드는 것도 좋을 것 같다. 훗날 아이들은 기억하겠지. 작고 사랑스러웠던 자신을, 그걸 지켜주고 싶어 했던 엄마 마음도.

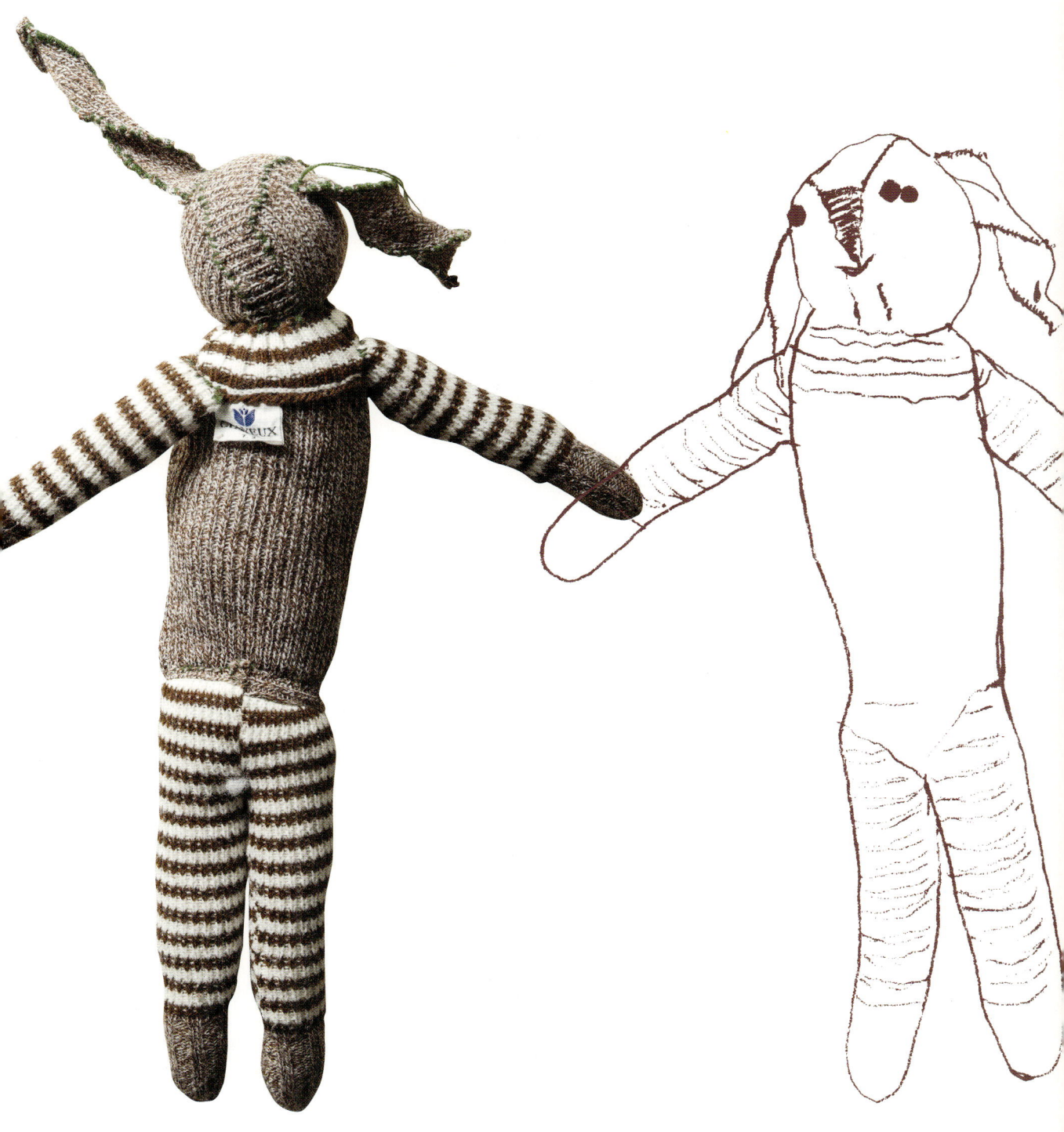

재료 | 작은 스웨터나 니트 원단, 눈동자용 검은 비즈, 하얀색 자수실, 방울솜

1 스웨터는 그림과 같이 재단한다.

2 스웨터 앞면은 목 부분을 돌려서 뒤를 감싸며 감침질을 하여 몸통을 만든다.

3 스웨터 뒷면에 머리와 귀 도안을 대고 바느질 선을 그린 후 시접 0.5cm를 남기고 재단한다.

4 얼굴의 3조각은 시접을 안쪽으로 접으며 감침질한다.

5 스웨터 양팔은 각각 반으로 재단하여 팔과 다리로 사용한다.

6 팔, 다리 부분은 안쪽으로 시접을 접으며 각각 감침질한다.

7 각 부분에 솜을 넣어서 감침질로 연결한다.

8 귀 바깥쪽은 올이 풀리지 않도록 가장자리를 감침질한 후 머리에 연결한다.

9 눈, 코, 입을 표현한다.

Tip 스웨터는 쉽게 늘어나서 자칫 형태를 잡기 어려울 수 있으므로 솜을 넣을 때 유의한다.

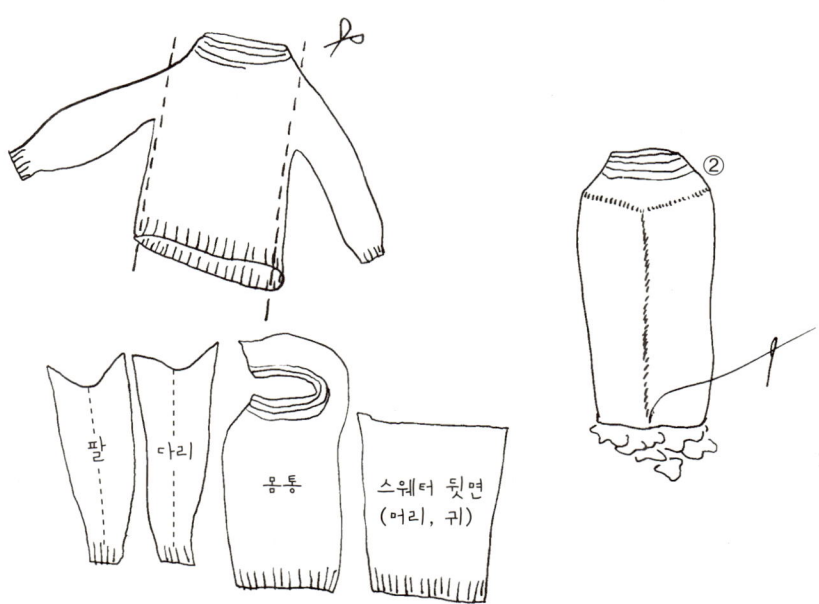

햇살 좋은 날 인형 만들기 피크닉 어때요?

집으로 돌아갈 즈음이면 고양이 한 마리가 따라갑니다.

신사 양말로 만든 고양이

아이 유치원에서 인형 수업을 요청 받아 다 같이 만든 인형이다. 신사 양말로 만들었더니 큼직한 인형이 탄생됐다. 양말을 뒤집어서 만들면 또 다른 느낌! 두세 시간이면 뚝딱 만들어 선물하기도 안성맞춤이다. 좋은 사람들과 수다 떨며 만들기를 추천하고 싶다.

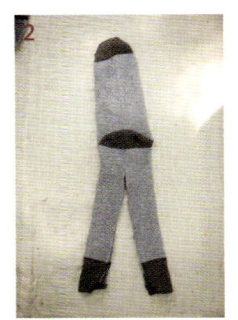
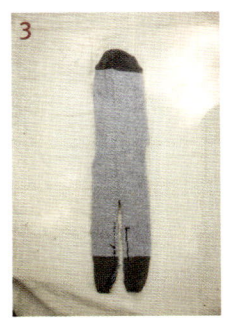

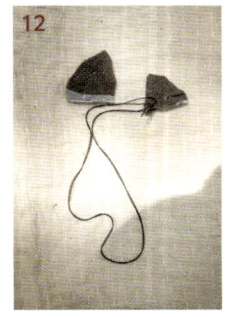

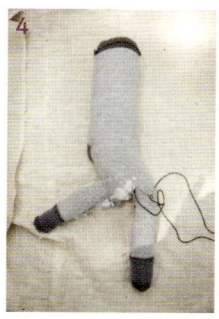

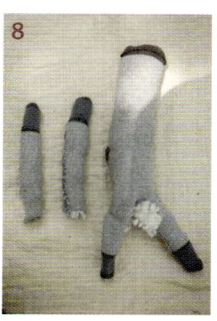

만들기 I

1 목이 긴 양말 한 켤레를 준비한다.
2 한 장을 뒤집어 발목 부분을 자른다.
3 가랑이 부분을 창구멍으로 남기고 박음질한다.
4 창구멍으로 뒤집어 방울솜을 넣는다. 엉덩이 부분을 빵빵하게 잡으면 앉히기 쉽다.
5 남은 양말을 사진처럼 자른다.
6 발목 부분 가운데를 잘라 팔 부분을 준비한다.
7 사진처럼 박는다.
8 뒤집어 방울솜을 채운다.
9 위치를 잡고 감침질로 팔을 단다.
10 사진처럼 발끝을 자른다.
11 발끝을 반으로 다시 자른다.
12 자른 부분을 안으로 접어넣고 감침질한다.
13 머리에 귀를 달고 눈, 코, 입을 표현한다.
14 남은 양말을 원하는 폭으로 잘라 꼬리를 만든다.
15 창구멍을 남기고 박아 뒤집는다.
16 솜을 넣거나 그대로 엉덩이에 붙이면 완성.

손쉬운 커트지 인형

아이 손에 쥐여 줄 무언가를 만들 때 꼭 복잡한 패턴과 과정을 거치지 않아도 좋다. 무얼 만들지조차 모르던 초보였을 때 나는 본과 만들기 재료가 함께 들어 있는 키트를 많이 이용했었다. 재료가 다르면 원하는 결과물이 나오지 않아서 실망하기 십상인 건 초보라면 누구나 다 경험했던 일. 요즘은 잘라서 모양대로 잇기만 하면 멋진 인형이 완성되는 커트지가 많이 나와 더욱 반갑다. 겉과 겉을 맞대고 박음질이나 홈질을 하고, 창구멍을 남기고 뒤집어 솜을 넣고 팔다리를 잇는 것이 힘들다면 이런 커트지로 엄마의 솜씨를 뽐내보자. 실로 박고 뒤집는 것도 잘 모르는 왕초보를 위해 감침질로 완성하는 방법을 소개하고 싶다. 손맛을 좀 더 살리고 싶다면 커트지 위에서 색실로 얼굴이나 패턴에 스티치를 넣은 뒤 마무리하면 더욱 예쁘다.

커트지로 만든 너구리 인형

원단 위에 그려진 그림대로 잘라 가장자리만 마감하면 뚝딱 완성되는 커트지 인형. 큼직한 프린트가 그려진 어떤 원단이든 추천한다.

-커트지 인형의 만드는 방법은 모두 같다(펠트 코끼리, 앤티크 얼룩말, 새 등).

1 시접 1.5cm를 남기고 재단한다. 곡선 부분은 가위집을 내준다.
2 눈, 코, 입은 스티치 등으로 표현한다.
3 원단은 안쪽으로 접으면서 감침질한다.
4 창구멍으로 솜을 넣고 감침질로 마무리한다.

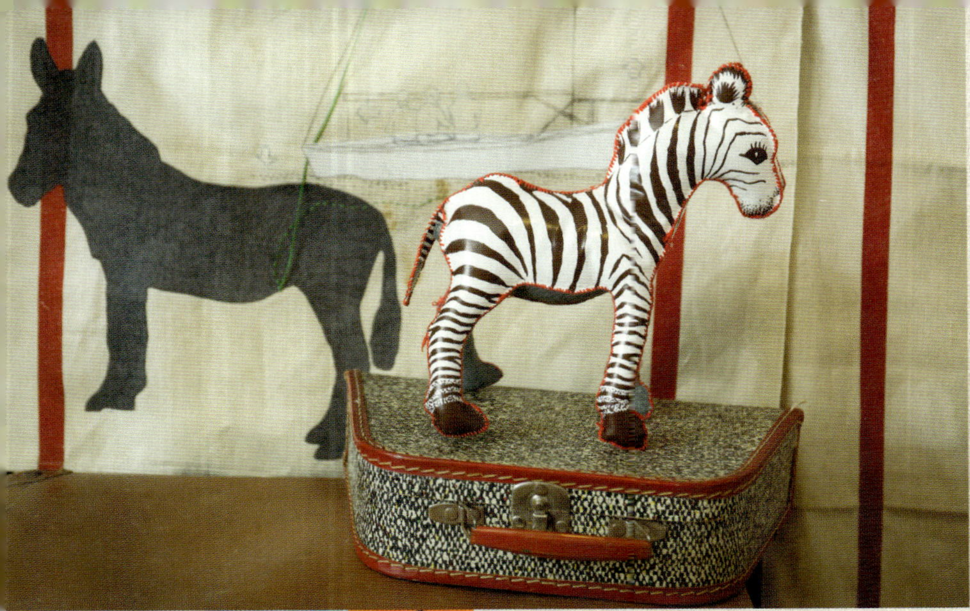

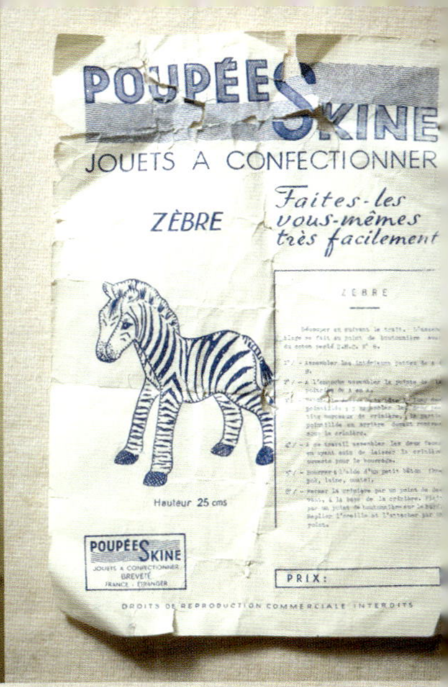
POUPÉES SKINE
JOUETS A CONFECTIONNER
ZÈBRE
Faites-les vous-mêmes très facilement
Hauteur 25 cms
POUPÉES SKINE
PRIX:
DROITS DE REPRODUCTION COMMERCIALE INTERDITS

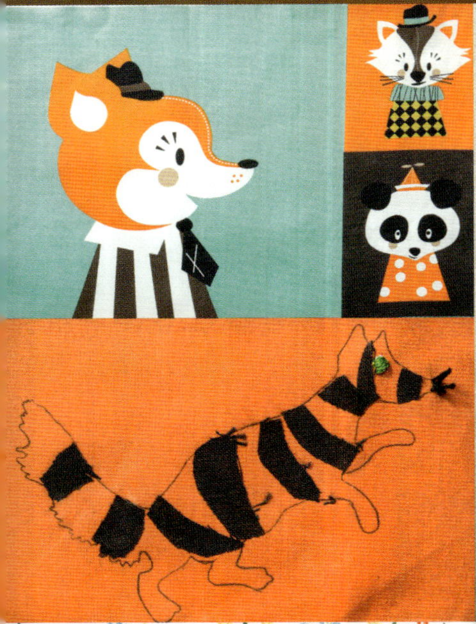

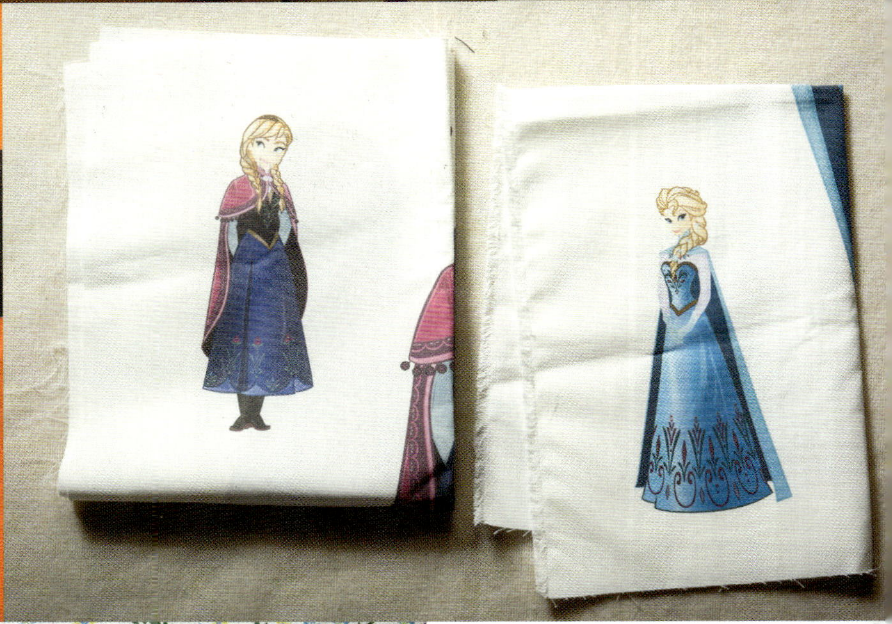

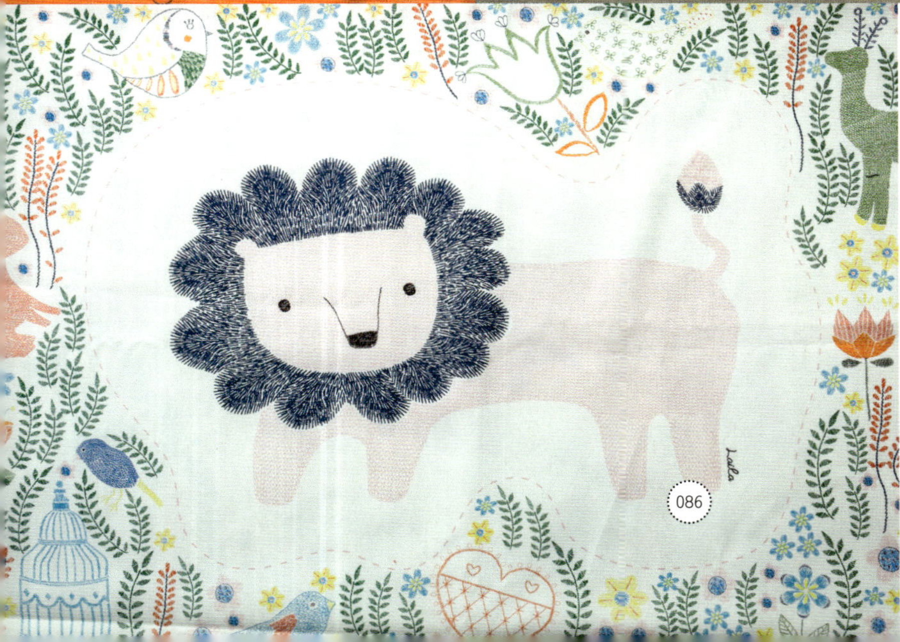

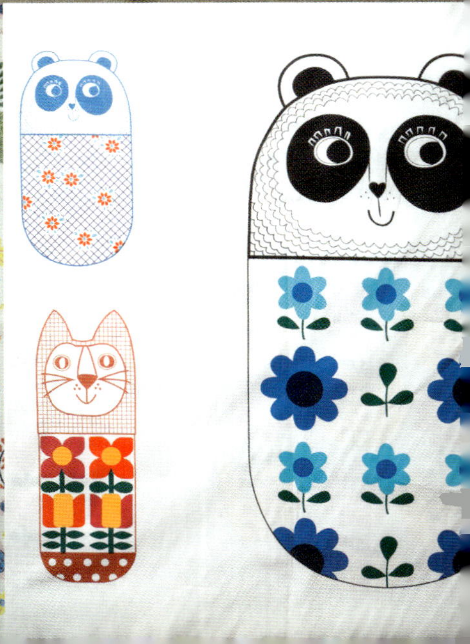

코가 길쭉한 코끼리

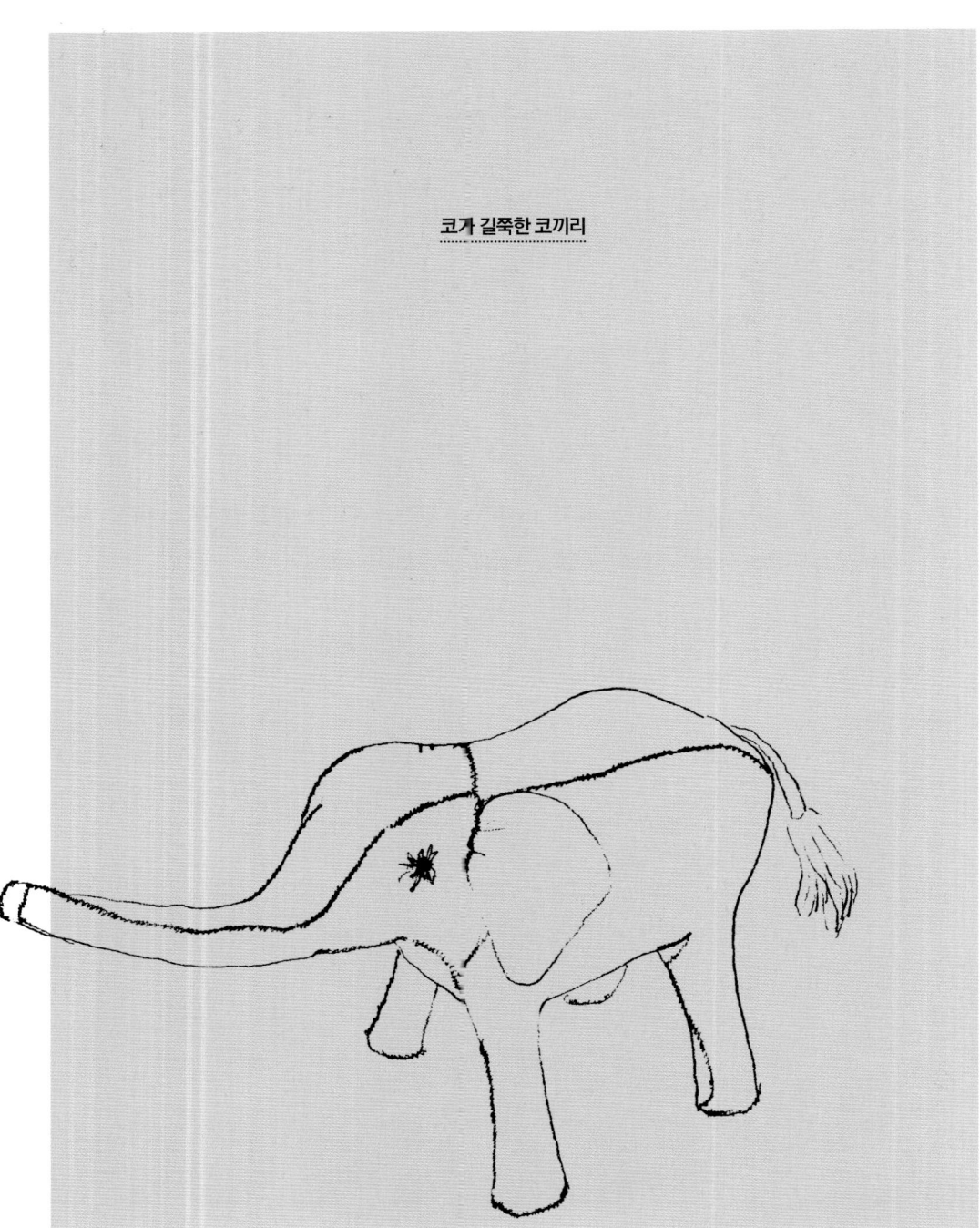

순한 눈망울이 예쁜 얼룩말도 함께!

원단 프린트 그대로 오려 만든 새 인형

유니세프 키트 아우인형

유니세프 아우인형은 단지 돈을 모아 내는 평범한 기부가 아니다. 아우인형을 만드는 꾸러미를 구개해 직접 옷을 만들어 입히고, 완성된 아우인형을 본인이 입양하거나 입양 보내는 흣식이다. 아이들에게 무지 인형으로 무엇을 만들어줄까? 물어보며 왜 이 아우인형이 시작되었는지, 아우인형 하나를 친구로 삼으면 아프리카 어린이에게 큰 병을 이길 수 있게 해준다는 이야기를 들려주었다. 마츤내 착한 아우인형이 우리 친구가 되었고, 내가 가장 바라던 바이기도 했다. 유니세드 인터넷 홈페이지를 보면 자세한 안내와 함께 구입이 가능하다. 패키지로 구매하는 아우인형 하나로 예방 주사를 맞지 못하는 제3세계 아이들에게 다섯 가지 예방 접종을 해줄 수 있다(www.unicef.or.kr).

느긋하게 기다리기
: 아이도, 인형도 기다릴수록 멋지게 자란다

인형을 만들다 보면 생각보다 손이 많이 가는 것에 놀란다. 본을 떠서 천을 자르고 꿰매서 형태가 대충 나오면 왠지 다 끝나가는 것 같아 마음이 바빠진다. 그런데 형태가 잡혔을 때란 단지 절반쯤 왔을 뿐, 그 뒷마무리가 생각보다 쉽지 않다. 마무리가 하도 번잡해서 만들다 손 놓고 방치해 버리는 경우도 부지기수다.

기분이 좋고 컨디션이 괜찮은 때는 한나절이면 인형 하나가 뚝딱 나오기도 하지만, 이유 없이 스케치부터 막히는 경우도 있다. 머릿속으론 이미지가 뚜렷한데 어떻게 만들어도 마음에 들지 않아 버리는 인형도 있다. 어떤 때는 실패하고 싶지 않아서 원단과 부재료를 원 작가와 똑같은 패키지로 만드는데도 다른 인형이 완성되어 간다. 바늘땀의 크기나 라인 굴리기에 따라서 미묘하게 모양이 달라지고 눈, 코, 입에 수를 놓거나 단추를 달다 보면 "여긴 어디? 넌 누구니?" 하는 상황도 종종 맞게 된다.

한 가지 본과 재료로 같은 사람이 여러 개를 만들어도 똑같이 만들기는 불가능하다. 이쯤 되면 인형 만들기가 자식 키우기랑 닮았다는 생각이 안 들 수가 없다.

나는 아이들에 대해 딱 한 가지만 생각하는 엄마였다.

천천히 느리게. 아이들이 자라는 걸 기다려줘야 한다고 믿는 엄마.

그 기다림이란 물론 쉬운 건 아니다. 혼자 사는 삶이 아닌지라 다른 사람의 시선과 관심에 쉽게 흔들리기도 한다.

곧 학교 가야 하는 아이에게 왜 아직 한글도 안 가르치고, 수학이며 학습지는 안 시키는지. 날 무관심하고 대책 없는 엄마로 보는 시선들을 기억한다.

나는 아무리 피곤해도 매일 아이들에게 두 권씩 책을 읽어주었으며, 아이가 궁금해하는 문제에 같이 부딪혀 보기도 하고, 아이와 한 약속은 반드시 지키기 위해 어떤 프로젝트나 사업적 계약보다 긴장하고 기억하려고 했었다. 이런 육아 방식에 약점이 있다고 한다면 나도 할 말이 없다.

왜냐면 7살인데 아직 한글을 모른다면 주변 누구도 "우리 노아가요, 한번 들은 음악은 정말 잘 기억하고요, 요플레로 목욕탕에 그림도 너무 잘 그려요. 어떤 종이 상자도 다 변신시키는 재주도 있고요…"라는 말을 들어주지 않기 때문이다. 오히려 우리 아이는 무슨 학원에 보내고 무슨 악기를 시작했다, 라는 이야기에 모두가 솔깃해한다.

물론 그 이야기가 나쁜 건 아니지만, 엄마 아빠는 집에서 책 한 번 펼쳐지 않으면서 유치원 때부터 학습 위주로 가르치는 건 반대다. 초등학생들이 벌써부터 공부가 너무 싫다는 말을 하는 게 무척이나 슬프다.

공부 재미를 늦은 나이에야 깨닫고 공부를 오래 한 우리 부부는 부디 우리 아이들이 공부란 재미없고 의무적으로 해야 하는 일이 아니라, 궁금한 걸 알게 해주는 기쁨과 맘속에 숨어 있는 꿈을 세상에 올려놓게 만들어주는 것 중 하나란 걸 알았으면 할 뿐이다.

누군가는 또 말한다. 우리에게 '부모'와 '학부모'의 두 마음이 있다고. 그래도 부모의 마음을 지키고 싶다. 아이들은 저마다 흥미를 느끼는 대상이 다르고, 자신만의 숨은 재능이 있기에 그걸 지켜주고 싶을 뿐이다.

아이들이 기울이는 관심과 재능은 언젠가는 순수하게 드러나게 마련이므로 한 가지 기준으로 아이의 우수함을 평가하고 싶지는 않다. 적어도 난 내 아이를 기다려주고 싶다. 단지 옆에서 지켜주면서 더 자유롭게 하고픈 마음뿐이다. 좀 더 많이 함께 뛰면서.

세상 기준이 아닌 바로 내 아이의 모습에 집중하고 싶다. 흔히 어른들이 그러신다. 5살까지 아이가 먹는 음식이 평생 그 아이의 미각을 좌우한다고. 과연 미각뿐일까.

조금만 고개를 돌려 내 아이를 보면 아이의 지금이 있다. 사람들이 흔히 말하는 교육에 휩쓸리지 않고, 천천히 가도 결코 늦은 게 아니란 걸 깨닫는다.

그렇게 자유롭게 키웠다고 생각했는데 어느 날 어린이집에서 걸려온 전화에 깜짝 놀란 적이 있다. 첫아이 노아가 가족은 네모 안에 있는 사람들이라고 했단다. 네모난 방에서 각자 생활하는 사람들이 가족이라고. 아무 일 없는 듯 흘러가는 일상에서 아이의 이런 말들은 날 멈추게 한다. 늘 곁에서 지켜보며 키웠다고 생각했는데 어느 순간 나도 내 아이들을 잘 모르겠다는 생각이 들 때가 있는 것이다.

가족이라도 아침에 바삐 일어나 서로 다른 곳으로 가서 하루를 보내고 저녁 또한 네모난 식탁에서 함께하기란 어렵다. 각자 방에서 또 한참을 보내는 이런 일상이 크게 문제없어 보이고, 이대로라면 진정 10년도 넘게 우린 잘 지낼 것만 같았는데.

아이의 '네모 안에 있는 사람'이라는 말을 곱씹을수록 우리 가족 안에서 무언가 자꾸 소멸돼 가는 부분이 있는 것 같았다. 그게 과연 무엇일까, 곰곰 생각했다.

그래, 어쩌면 아이 말대로 우리가 함께 네모에 있는 시간은 마치 냉장고 반찬통에 있는 반찬들이 들락거리는 모습과 같은 것이었을 테다.

봄날 캠핑카를 타고 제주 우도 바다로 떠났다. 그 하늘빛 바다 앞에서 문득 이런 생각을 했다. 이게 다라면. 진정 우리 집이 저 차 한 대뿐이라면. 어디든 가서 살 수 있고, 또 어느 곳이든 머물고 싶을 만큼 머물 수 있다면…. 꽤나 좋은 아이디어 같았다. 아이는 물론 어른인 우리도 그것이 현실이라면 얼마나 신나는 일일까.

"아빠 차가 낡아서 좀 불편해도 참고 우리 여행 갈까?"라며 늘 그렇듯 엉뚱하게 던진 질문에 아이들로부터 "어디가 좋겠어?"라는 답이 돌아왔을 때 심장이 뛰었다.

그날 밤 우린 3개월간의 가족 여행을 결정했다. 온 가족이 북유럽으로 떠난다고 했을 때 주변 사람들은 무슨 큰일이나 말 못할 이유가 있는 줄로 생각했거나 참 어리석고 철없이 산다는 평이 대부분이었다. 심지어 돈 많은 럭셔리 가족이라는 오해도 많이 받았다.

누가 알까. 우리가 꿈꾸고 경험하는 이 여행 자체에 최고의 가치가 있다는 걸. 설명할 수는 없지만 우리 부부는 늘 그것만 믿고 떠나는 것이다. 마치 내가 우리 아이들을 무조건 믿는 것처럼. 세상 기준으로 보는 조급함이 아니라 나는 우리 아이들 각자에게 숨겨진 씨앗이 온전히 자라도록 그저 지켜주고 싶을 뿐이다.

우리는 자신의 미래에 대해 불안해한다. 그래서 노력하고 준비하고 실패를 하더라도 또다시 딛고 일어서서 삶을 일궈 나가려고 한다.

하지만 불안은 어른들 만의 몫이 아니다. 아이들에게도 실패와 불안으로 고민하는 삶을 살 기회를 줘야 한다. 어느 날 영화 한 편에도 행복해하고, 봄여름가을겨울이 오는 것에도 기쁨을 느낄 줄 알도록.

내가 아이에게 줄 수 있는 것, 무한한 사랑과 기다림

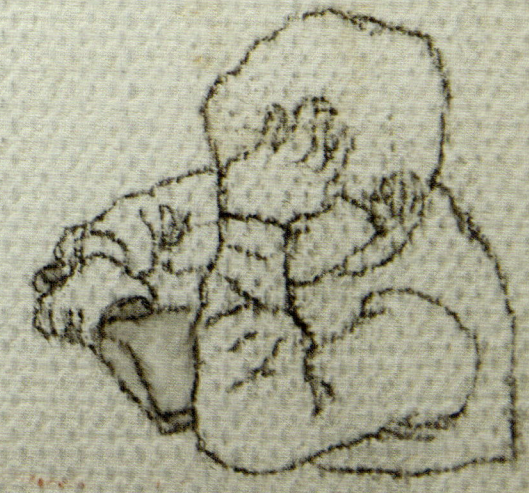

못생겨도 괜찮아! 꿈을 주는 인형

왠지 인형은 일반 장난감과는 다른 것 같다. 내가 바느질하며 생각한 것들을 담고 있기에 특별한 기억으로 남아서 더욱 소중한 물건이 된다. 그리고 시간이 지날수록 더 큰 가치를 준다. 만든 사람이 담은 생각과 받은 사람이 담은 추억 덕분인 것 같다. 나는 바느질을 잘하지도 못하고, 심지어 바느질이나 자수 기법이 무엇인지 모를 때가 더 많다. 그래도 내가 잘하는 건 마음을 담아 정성으로 꿰매는 것이다. 속상해하는 친구를 위해 천을 고르고, 어떻게 위로해야 할지 생각하며 한 땀 한 땀 꿰맨다. 만들어 놓고 보면 삐뚤빼뚤 참 엉성한 인형인데, 모든 게 반듯하고 번쩍이는 물건들 속에서 사람 냄새를 풍기고 있다. 그래서 손으로 만든 인형들이 더 친근하게 느껴진다.

파란 곰 친구 니트 토끼

파란 곰 인형을 만들어 놓고 보니, 왠지 친구를 만들어주고 싶다는 생각이 들었다. 면 니트로 만들면 아이가 물고 빨면서 놀기도 좋을 것 같았다. 'droguerie(www.ladroguerie.com)'라는 수예점에서 실을 구입했다. 역시나 좀 엉성하고 이상한 토끼가 만들어졌지만 그래도 한쪽, 한쪽 뜨던 내 시간과 마음이 토끼를 완성해 주었다.

재료 | 대바늘, 아이보리색 뜨개실, 갈색 자수실, 방울솜, 돗바늘

만들기 |
1 도안 크기보다 1.5cm 여유롭게 고무뜨기로 뜬다.
2 작은 조각이라 뜨개질이 어렵다면 올이 잘 풀리지 않는 니트 원단을 잘라 만들 것을 추천한다. 작은 스웨터를 잘라 만든다면 가장자리를 세탁소에서 오버로크 할 것을 권한다.
3 완성된 각각의 조각들은 방울솜을 채운 뒤 돗바늘을 이용하여 뜨개질한 실로 연결한다.

자투리 원단을 이어 만들면 더욱 특별하다.

자투리 원단으로 멋을 낸
롱다리 토끼

재료 | 리넨 원단, 팔과 귀 뒷부분 무늬 원단, 귀 앞쪽 회색 원단, 진초록 펠트 원단, 단추 4개, 회색·빨간색 자수실, 속치마용 실, 원피스용 굵은 털실, 방울솜

만들기 |

1 도안을 원단에 그린다.

2 팔과 귀를 겉끼리 마주 보게 홈질하여 창구멍으로 뒤집은 뒤 솜을 넣는다.

3 몸통은 겉끼리 마주 보게 포개 놓고, 그 사이에 양팔과 귀를 안쪽으로 넣고 핀으로 고정시킨다.

4 다리와 다리 사이는 창구멍을 내고 홈질한다.

5 몸통의 머리 부분 외, 곡선 부분에 가위집을 낸다.

6 몸통은 창구멍으로 뒤집고, 솜을 넣은 후 공그르기로 창구멍을 막는다.

7 진초록 펠트 원단에 발 모양의 도안을 1mm 정도 더 크게 그린다. 겉끼리 마주대고 발목 부분을 남기고 박아 뒤집은 뒤 다리 끝에 끼워 박음질한다. 신발 모양으로 박음질하고 단추로 모양을 낸다.

8 얼굴은 단추로 눈을 달고, 코와 입은 자수실로 모양낸다.

9 귀 옆에 레이스 장식을 단다.

10 완성된 인형 크기에 맞춰 속치마는 코바늘 중간긴뜨기로, 원피스는 대바늘 가터뜨기로 떠서 옷을 입힌다.

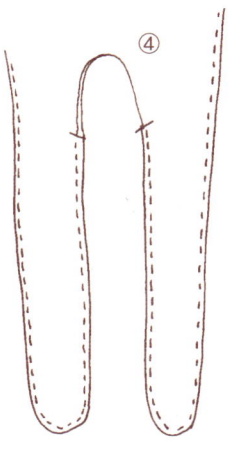

팔이 길~어서 꼭 끌어안을 수 있는
사자와 곰

외국인들은 서로 만나면 일단 비쥬(Bisous, 볼을 맞대며 뽀뽀하는 것)를 하거나 끌어안으면서 인사를 한다. 처음 내겐 그 광경이 어찌나 어색하던지. 그러나 시간이 흐르는 동안 동양 아줌마 특유의 수줍음을 사라지게 했다. 한번 끌어안으면 잘 모르는 사이라도 친근해지고 이어지는 만남이 편안해졌다. 따뜻하게 안아준다는 건, 피부를 접촉한다는 것은 당신을 해치지 않는다는, 괜찮다는 말없는 위로다.

어느 날 뉴스에서 지방 동물원에서 곰이 늙은 사자를 죽였다는 소식을 들었다. 그 후 사자와 곰 인형을 만들고 서로를 충분히 감쌀 수 있는 긴 팔도 달아주었다.

그런데 서로 감싸주고 아낀다는 의미가 지금 내 삶에도 적용되고 있는 걸까? 아이들에게만 싸우지 말라, 친하게 지내라, 말로만 그러고 있는 건 아닐까?

사람들에게 마음을 표현하고 싶어도 망설이게 되는 서툰 감정을 극복하는 연습을 해야겠다. 저렇게 감싸줄 팔이 없는 것도 아니면서.

사자

재료 | 갈색 리넨 원단, 갈색 다이마루 원단(티셔츠용 원단), 파란색·흰색·노란색 자수실, 방울솜

만들기 |

1 도안을 원단에 그린다. 갈기와 팔은 다이마루 원단에 그린다.
2 원단에 시접을 0.5cm 정도 남기고 자른다. 다이마루 원단에는 시접을 두지 않는다.
3 몸통, 다리는 겉끼리 맞대어 창구멍을 남기고 박음질한다.
4 곡선 부위의 시접에 가위집을 내고 창구멍을 통해 원단 안팎을 뒤집는다.
5 몸통, 다리는 창구멍을 통해 좁은 부위부터 솜을 통통하게 채워 넣는다. 솜을 넣는 작업이 끝나면 창구멍 부분의 시접을 안으로 접어 넣고 감침질한다.
6 다이마루 원단의 한 끝을 1/3가량 가위집을 내어 사자 갈기를 만든다.
7 얼굴은 안끼리 맞대어 시접을 안쪽으로 접은 뒤 그 사이에 사자 갈기를 넣고 같이 포개어 홈질한다. 창구멍으로 솜을 넣은 뒤 창구멍은 감침질한다.
8 얼굴과 몸통은 시침핀으로 고정하고 감침질로 연결한다.
9 다리는 몸통 앞뒤로 살짝 올라오게 시침핀으로 고정하고 감침질로 연결한다.
10 팔은 몸통에 대고 공그르기로 연결한다.
11 눈, 코, 입은 스티치로 표현한다.

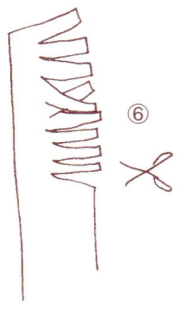
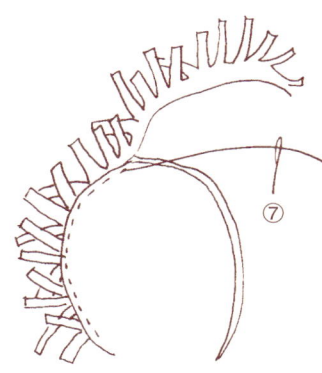

곰

재료 | 푸른색 리넨 원단(해지 원단도 좋다), 회색 다이마루 원단(티셔츠용 원단), 초록 조각 원단, 흰색·갈색·검정색 자수실, 방울솜

만들기 |

1 도안을 원단에 그린다. 귀는 다이마루 원단에 그린다.
2 원단에 시접을 0.5cm 정도 남기고 자른다. 다이마루 원단은 시접을 두지 않는다.
3 몸통은 목 부분을 남겨두고 홈질하여 뒤집은 후 솜을 넣는다.
4 얼굴은 2조각의 시접을 안쪽으로 넣으며 귀를 사이에 포개 놓고 감침질한다.
5 목 부분으로 솜을 넣은 후 몸통과 감침질로 연결한다.
6 팔은 완성 사이즈로 접어 감침질로 연결한다. 팔 끝까지 감침질해도 좋고 중간부터 펄럭이게 놔두어도 좋다.
7 팔은 몸통에 대고 감침질로 연결한다.
8 얼굴은 초록 원단으로 코 부위를 모양내어 감침질로 연결하고, 자수실로 눈, 코, 입을 완성한다.

돼지를 산책시키는 소녀

인도네시아 발리에서 잠시 머물면서 부러웠던 것 중 하나가 돼지를 운동시키러 나온 사람들이었다. 그곳에서는 개나 고양이처럼 돼지를 애완동물로 키우고 있었는데, 우리나라에서는 볼 수 없는 그 풍경이 재미있기도 하고 아직도 즐겁게 내 기억 속에 남아 있다. 집에서 애완동물을 키우면 사실 엄마들 일거리가 늘어나게 마련이다. 애완동물을 기를 형편이 안 되는데도 아이들이 너무 부러워한다면 인형을 만들어주는 것도 하나의 방법이 아닐까, 잠시 생각했다.

집에서 애완동물을 키우기 어렵다면?

인형을 하나 만들어주는 것도 방법이 아닐까 생각했다.

소녀

재료 | 광목 원단, 다리용 빨강 원단, 원피스용 무늬 원단, 머릿수건용 다이마루 원단, 코와 입용 베이지색 원단, 초록색·아이보리색·노란색 자수실, 돗바늘

만들기 |
1 도안을 원단에 그린다.
2 원단에 시접을 0.5cm 정도 남기고 자른다. 올이 잘 풀리고 두툼한 원단일수록 시접을 넉넉하게 잡는 것이 좋다. 다이마루 원단, 원피스 원단에는 시접을 두지 않는다.
3 얼굴과 이어지는 몸통, 팔, 다리는 겉끼리 맞대어 창구멍을 남기고 박음질한다.
4 곡선 부위 시접에 가위집을 낸 뒤 창구멍을 통해 원단 안팎을 뒤집는다.
5 몸통, 팔, 다리는 창구멍을 통해 좁은 부위부터 솜을 통통하게 채워 넣고 창구멍의 시접은 안으로 접어 감침질한다.
6 머릿수건용 다이마루 원단은 머리 부분에 씌우듯이 대고 목둘레 부분을 감침질로 연결한다.
7 다리는 몸통 양옆에 대고 감침질로 연결한다.
8 몸통에 두르듯이 원피스 원단을 감싸고 등 부분에서 박음질한다.
9 팔은 몸통 양쪽으로 대고 돗바늘로 교차하듯 바느질한 뒤 반대쪽 팔 겨드랑이 밑으로 바늘을 빼내 매듭짓고 다시 몸통을 통과해 바늘을 빼내 실을 자른다.
10 얼굴은 베이지색 원단으로 코 부위를 모양내어 감침질로 연결하고 자수실로 눈과 입을 완성한다.
11 발끝에도 노란색 자수실이나 털실로 리본을 묶듯 모양낸다.

돼지

재료 | 리넨 원단, 귀와 꼬리용 펠트나 가죽, 갈색·흰색 자수실, 목줄, 방울솜

만들기 |
1 도안을 원단에 그린다.
2 원단에 시접을 0.5cm 정도 남기고 자른다. 올이 잘 풀리고 두툼한 원단일수록 시접을 넉넉하게 잡는 것이 좋다. 귀 원단에는 시접을 두지 않는다.
3 몸통과 다리는 홈질하여 뒤집은 후 솜을 넣고 창구멍을 막는다.
4 다리 4개는 몸통에 공그르기로 연결한다.
5 귀와 꼬리는 감침질을 해서 단다.
6 코는 흰색 자수실로 채우고, 눈은 갈색 자수실로 표현한다.
7 꼬리는 감침질로 연결하고 목줄을 달아 주면 완성.

엄마의 꿈, 아이의 꿈을 응원하는 새 한 마리 어떤가요?

꿈을 응원하는 파랑새

오래전 보았던 일본 영화에서 주인공이 친구에게 꼭 '너의 파랑새를 찾아'라고 격려해 주는 장면이 오래도록 인상에 남았다. 일본에서는 꿈을 찾으라는 표현을 '아오이 도리'를 찾으라고 한단다. 새를 좋아하는 나에게 그 말이 가슴에 날아들었다. 그 후로 주변의 누군가가 힘들어하면, 갈등과 고민에 빠져 있는 누군가를 만나면 내 손에 잡히는 재료로 그 사람을 생각하며 새를 만들어 선물했다. 그 친구의 꿈을 격려하고 응원하며 단추로 눈을 달고, 때론 니트를 엮어서 날개도 달고, 펠트로 장식도 하고 작은 편지와 함께 보냈다.

이 새는 나를 위해 만들었다. 세 아이의 엄마로 끝나지 않는 긴 육아의 터널을 보내며 어느 날 아침 눈을 떠보니 실제 내 꿈은 무엇이었는지 방향을 찾지 못하고 있었다. 마치 꿈이 없었던 것처럼. 막막한 가슴의 나를 위로해 주기 위해 처음으로 나 자신을 위해 만들었다. 어느덧 주어진 환경 속에서 의무감으로 숙제하듯 살고 있는 나. 당장 부닥친 현실이 아니라면 다른 것들은 꿈꾸기는커녕 지나간 과거에, 기대에 못 미치는 결과에 목매는 나. 하지만 진짜 나의 꿈을 찾으라고, 용기를 내어 그 꿈을 이룰 수 있도록 응원하는 새.

재료 | 광목 원단, 얇은 리넨 원단, 부리용 노란 원단, 은색 똑딱단추, 파란색·갈색 자수실, 방울솜

만들기 |

1 원단 뒷면에 도안을 대고 바느질 선을 그린 후 시접 0.5cm를 남기고 재단한다.
2 몸통의 배 부분은 창구멍을 내고 홈질한다.
3 곡선 부분에 가위집을 낸 후 뒤집어서 솜을 넣는다.
4 공그르기로 창구멍을 막는다.
5 날개는 한쪽에 두세 장을 겹쳐서 잡고 갈색 수실로 자유롭게 스티치하듯 모양내어 몸통에 고정시킨다.
6 부리는 접어서 입 부위에 감침질하여 고정시킨다.
7 눈은 단추로 표현한다.

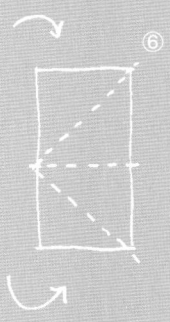

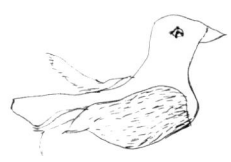

집은 '영혼의 안식처'라는 참 흔하디흔한 말. 그 말에 책임지고 싶어서 결혼 후 지금까지 평생을 떠돌아다닌 것 같은 기분이다. 마당이 있고 나무가 우거진 곳을 찾기 위해서 무던히도 많은 곳을 헤매고 다녔다. 한남동, 통의동, 부암동처럼 조용하고 한적한 공간들 말이다. 경복궁 뒷길 근처에 한옥을 구하고 싶어서 그곳 부동산을 참새 방앗간 드나들 듯 찾아갔던 기억도 있다.

'땅을 밟고 살자'는 결심을 하고 찾아다녔던 집들은 늘 만족스럽지 않았다. 그래서 안정된 보금자리를 포기했다. 매여 있어야 하는 가게를 정리하고 나서, 온 가족이 여행을 떠나는 계획을 실천해 보았다. 새 차를 사려고 모은 돈으로 온 가족이 북유럽 여행을 떠났을 때 새로운 곳을 찾아 돌아다니는 그 일상이 좋아서 영영 여행만 했으면 좋겠다고 생각했던 철없는 엄마. 핀란드, 스톡홀름, 코펜하겐, 에스토니아 탈린, 런던, 그리고 파리로. 그 여행 동안 온 식구가 동등한 여행 파트너로서 행복했다. 여행은 떠나 본 사람만이 그 가치를 알 듯, 여행이란 그저 타지에서 눈에 보이지는 않지만 다른 공기를 마셔보는 것. 그래도 우리에게 많은 것을 채워주고 있다는 걸 느낀다. 그래서 여행이 아닌 다른 곳에서 머무는 삶을 선택하기도 했다.

제주도 캠핑여행, 북유럽으로 탈출. 남한산초등학교, 발리 그린스쿨… 네모 안에서 쉼표 찍기

늦둥이 셋째가 생기고, 도시를 탈출해 경기도 광주 남한산초등학교 근처로 이사를 갔다. 학교 수업을 마치면 아이들은 산과 논을 뛰어다니며 온 땅을 헤집고 놀았다. 그래도 제도화된 교육이 자꾸 발목을 잡는 것만 같아서 인도네시아 발리 우붓의 정글까지 찾아갔다. 이제는 우리나라에도 많이 알려진 발리의 〈Green school〉은 내가 원했던 완전한 자연 속의 놀이와 교육을 체험할 수 있게 해주었다. 아이들뿐만 아니라 나도 그곳에서 많은 것을 배웠다. 친구도 많이 만났다. 유기농 콩으로 두부를 만들어 1달러에 팔던 친구는 고된 노동을 마치고 시원하게 마시는 맥주 한 잔이 삶의 원동력이라고 했다. 은으로 액세서리를 만드는 원주민 친구는 돈을 벌면 대학에 가고 싶다고 했다.

그들은 나이를 떠나 모두들 꿈을 꾸며 앞으로 나아갔다.

우리도 가끔 생각해 봐야 한다. 내가 멀리 오래 간다면 무엇을 챙겨가야 하는지. 내 나이 마흔 남짓, 유목 생활도 중반. 이렇게 저렇게 다니다 보니 삶에서 가장 소중한 것, 필요한 것이 무엇인지 돌아보게 됐다. 가족, 추억, 행복, 건강… 등등. 벨기에든 서울이든, 좁은 곳에 있어도 호화로운 호텔에 있어도 삶은 별 차이가 없다. 그저 가족과 함께 웃고 울며 난국을 함께 헤쳐 나가는 경험이 값질 뿐이다. 몇 년간 집을 떠나 떠돌다가 아이들과 다시 한국으로 돌아왔다. 그토록 떠나고 싶었던 집으로 다시 돌아오면서 한 가지 확실하게 깨달은 것이 있다. 바로 지금, 집에서 아이들과 함께 행복할 수 없다면 어디로 떠나든 마찬가지라는 것이다. 최선을 다해 지금을 살아내는 것이 얼마나 값지고 어려운 것인지 이제야 깨달아서 내 삶과 가족들에게 미안할 따름이다.

PIERRE BORDES
DIRECTEUR D'ÉCOLE

LE TRAVAIL MANUEL SANS ATELIER

RÉALISATION D'OBJETS UTILES

Éditions BOURRELIER ET
55, RUE SAINT-PLACIDE, 55 - PARIS

향기 품은 버섯

내가 인형 만들기만큼 푹 빠져 있는 것 중 하나가 아로마 오일이다. 그 어떤 향수보다도 자연에서 얻은 천연 향이 마음을 위로해 줄 수 있다는 걸 알게 되었다. 이제는 아이들이 열이 나거나 배가 아프다고 할 때 무조건 약을 먹이기보다는 오일로 먼저 마사지해 주거나 향을 맡는 아로마 테라피를 선호한다. 천연 에센셜 오일은 그 종류와 효과가 다양한 만큼 골라 쓰는 재미가 있다. 우리 다섯 가족은 매일 하루 일과를 마치고 잠자리에 들기 전 저마다 다른 위로가 필요했다. 피곤한 남편, 비염이 있는 둘째, 성장통이 있는 첫째, 밤에 잘 깨는 셋째에게 각각 맞는 오일을 몇 방울씩 직접 만든 버섯에 떨어뜨려 침대 머리맡에 살짝 두었다. 엄마의 굿나이트 키스를 대변한다고 하면 오버인가? 아침이면 채집하듯 모아 다시 햇볕에 소독하고 바구니 안에 옹기종기 모여 저녁을 기다리는 버섯 식구들.

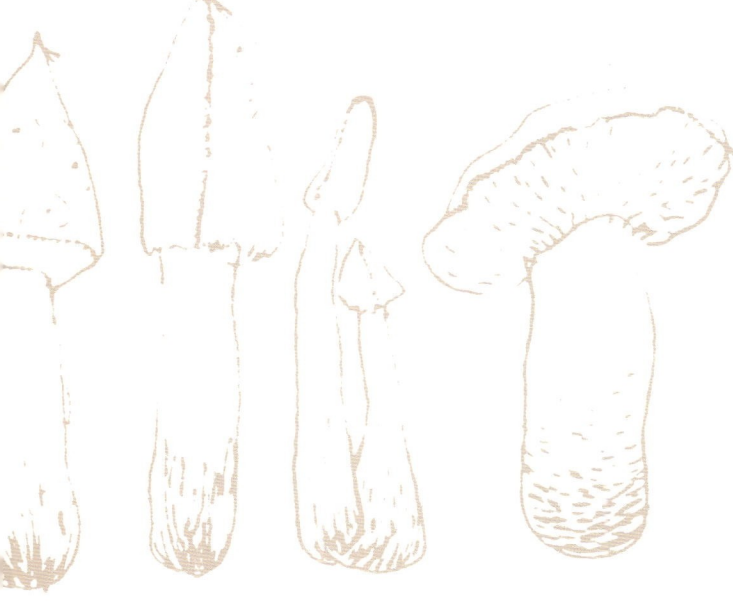

재료 | 리넨 원단, 자수실, 방울솜

만들기 |

1 원단 앞면에 도안을 대고 바느질 선을 그린 후 시접 0.5cm를 남기고 재단한다.
2 버섯의 갓에 해당되는 조각은 시접이 안쪽으로 들어가게 하여 감침질한다.
3 솜을 넣은 후 창구멍을 감침질로 마무리한다.
4 버섯 밑동 조각은 홈질한다.
5 버섯 맨 밑 부분은 홈질을 잡아당겨 둥글게 만든 후 뒤집는다.
6 버섯 밑동에 솜을 넣은 후 버섯 머리와 감침질로 고정시킨다.
7 원하는 부분은 자수실을 이용하여 스티치로 꾸며준다.

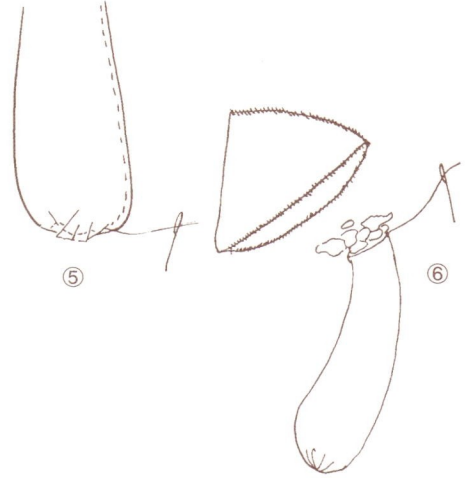

행복한 추억을 가득 담은 꽃팔찌

아빠와 산책을 나가면 늘 꽃팔찌를 만들던 추억이 있다. 당시에는 흔하고 흔하던 이 꽃을 요즘 도시에서는 보기 힘들어졌다. 나에게 추억을 선물하고 싶어서 만들었는데 아이들이 더 좋아하는 액세서리가 됐다.

1 털실은 준비된 5cm 종이에 감아서 뺀 후, 가운데 부분을 고정시킨다.
2 털실 양 끝을 잘라 반으로 접는다.
3 가위로 모양을 잡는다.
4 꽃대 조각은 말아서 감침질로 완성한다.
5 꽃대와 꽃은 바느질로 고정시킨 후 받침을 꽃대에 끼워 본드로 붙인다.

좋은 사람에게 편지를 쓸 때, 조각천으로 만든 작은 오브제를 함께 담는다.

손으로 쓴 편지와 손수 만든 선물에 마음을 열지 않는 사람은 없다.

통통할수록 감촉 좋은 양

재료 | 리넨 원단 3종류, 귀용 펠트나 가죽, 파란색 자수실, 꼬리용 털방울, 방울솜

만들기 |

1 도안을 원단에 그린다.
2 원단에 시접을 0.7cm 정도 남기고 자른다. 귀 원단에는 시접을 두지 않는다.
3 얼굴은 몸통과 먼저 연결하고 다리는 각각 홈질하여 뒤집은 후 솜을 넣는다.
4 다리 4개는 몸통에 공그르기로 연결한다.
5 귀와 꼬리는 감침질을 해서 단다.
6 코는 흰색 자수실로 채우고, 눈은 자수실로 표현한다.

친해지고 싶은 **펠트 토끼**

재료 | 펠트 원단, 코와 귀 단추 3개, 팔다리 연결용 단추 4개, 갈색·아이보리색 자수실, 방울솜, 돗바늘

만들기 |

1 도안을 원단 앞면에 그린다.

2 원단에 시접을 0.7cm 정도 남기고 자른다. 올이 잘 풀리고 두툼한 원단일수록 시접을 넉넉하게 잡는 것이 좋다.

3 머리 부분은 가로 시접 부분을 각각 먼저 홈질한다.

4 팔은 3조각 중 손바닥과 안쪽 팔 부분을 먼저 연결하여 홈질한 후 솜을 넣는다.

5 다리는 3조각 중 발등에서 뒤쪽까지 먼저 홈질한 후 솜을 넣고 발바닥을 홈질한다.

6 몸통 4장도 안끼리 마주대고 겉에서 홈질로 잇는다.

7 귀는 앞뒤 색이 다르게 겹쳐 홈질로 잇고, 머리 양옆에 붙여 단추를 대고 얼굴과 연결한다. 그다음 눈, 코, 입을 표현한다.

8 얼굴, 몸통에 각각 솜을 넣는다.

9 팔다리는 돗바늘을 이용하여 단추로 고정시켜 꿰맨다. 돗바늘을 여러 번 교차시켜 양팔을 몸통에 고정한 뒤 단추를 대고 다시 돗바늘을 교차시켜 단추를 고정시킨다. 마무리를 할 때는 돗바늘을 반대쪽 팔 겨드랑이 쪽으로 빼내 매듭지은 뒤 다시 몸통 반대편으로 실을 빼내 매듭이 인형 안으로 쏙 들어가게 마무리한다.

10 몸통과 머리는 뒤 중심선끼리 맞춰 시침핀으로 고정한다. 긴 돗바늘에 실을 꿰어 얼굴 쪽에서 바늘을 빼내 얼굴과 몸통을 감침질이나 홈질로 연결한다.

혼자서는 살 수 없어요
멸종 위기 동물 인형

도시에서 사는 게 힘겨워 남한산초등학교 근처로 아이들을 데리고 떠났었다. 그 시골에서도 목이 말라 또다시 완전한 자연을 찾아 떠났다. 인도네시아 발리의 그린스쿨(www.greenschool.org)이라는 곳이었다. 세계 각국에서 온 환경 운동가들이나 생태 건축에 관심 있는 사람, 그리고 아이들과 함께 발리에서 보내던 시기에 틈만 나면 방으로 날아드는 잠자리, 반딧불이를 보며 참 좋았더랬다. 자연 속에서 무슨 장난감이며 이벤트가 필요 있을까? 메뚜기, 개미, 심지어 가끔 차고에 찾아오는 고슴도치까지 친구로 즐거이 맞아들였다. 한국의 도시에서 살던 우리는 많은 생명체가 우리 주변에서 사라졌음을 느끼고 아쉬워했었다. 그래서 아이들과 함께 세상에서 사라지는 동물들을 기억하고 지켜주고 싶은 마음에 인형을 만들었다. 반달곰, 핑크 돌고래, 하늘다람쥐, 키위새… 새로 생겨나는 생명체보다 사라지고 있는 생명체들이 더 많은 것에 마음 아팠지만 그래도 아직 남아 있는 것들에 감사하며 살아야지.

Les animaux

avec toi

기억하고 싶은 멋쟁이 반달곰

우리나라도 반달곰을 살리기 위해 애쓰고 있다. 동물원에서만 살지 않고 야생에서 살아남게 하려고 지리산에 몇 쌍을 풀어주어 아기 반달곰도 낳고 겨울잠도 자게 한 걸로 알고 있다. 이렇게 노력을 기울이고 있지만 점점 사라지고 있는 반달곰을 기억하고 싶어서 아이들과 함께 스케치하고 만들어보았다. 까만 몸이 꽤 카리스마 있어 보이지만 눈동자를 순하게 수놓아 귀여운 표정을 더했다.

재료 | 검정 리넨, 귀용 가죽이나 필트, 꼬리용 방울, 흰색·갈색·초록색·회색 자수실, 방울솜

만들기 |

1 도안을 원단에 그린다. 귀는 펠트나 가죽 원단에 그린다.
2 원단에 시접을 0.5cm 정도 남기고 자른다. 올이 잘 풀리고 두툼한 원단일수록 시접을 넉넉하게 잡는 것이 좋다. 귀에는 시접을 두지 않는다.
3 몸통과 팔은 시접을 안쪽으로 접으며 감침질한다. 이때 곡선 부분은 미리 가위집을 내주어야 모양이 예쁘다.
4 창구멍에 솜을 넣은 후 감침질한다.
5 팔과 귀는 몸통에 감침질로 연결한다.
6 얼굴은 눈, 코 부위를 자수실로 모양낸다. 가슴의 반달 부분도 흰색 자수실로 모양낸다. 팔과 다리 부분에는 갈색 자수실로 스티치하듯 털 모양을 자유롭게 표현한다.
7 마지막으로 꼬리에 방울을 달면 완성.

날개 없는 키위새

숲이 사라지면서 사람들은 편리하게 살 수 있을지 몰라도 어쩌면 행복도 사라지고 있을 거라는 생각이 떠나지 않는다. 매주 27마리씩 죽어간다는 키위새. 날개가 퇴화되어 개나 고양이의 먹이가 되기 때문이란다. 긴 부리에 공룡 같은 발을 가진, 귀여운 키위새. 평화로운 숲에서 이런 키위새가 살고 있다는 이야기를 아이들과 함께 나누고 싶다.

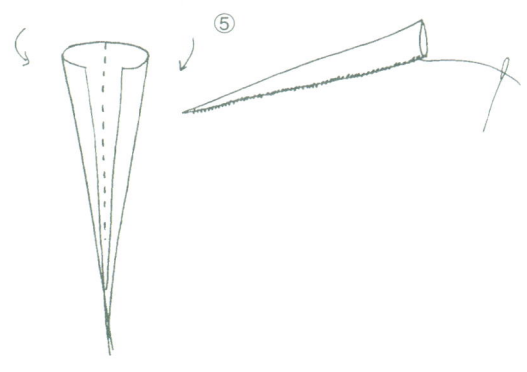

재료 | 베이지색 펠트, 다리용 주황색 원단, 부리용 아이보리 원단, 파란색·흰색 자수실, 방울솜

만들기 |

1 도안을 원단에 그린다.

2 펠트는 원단에 시접을 두지 않고 자른다. 다리와 부리는 시접을 0.5cm 남기고 자른다.

3 몸통, 다리는 시접을 안쪽으로 넣으며 감침질한다.

4 각 부분에 솜을 넣은 후 감침질로 마무리한다.

5 새 부리는 조각을 접어서 감침질하여 고정시킨다.

6 눈은 스티치로 표현한다.

아이들이 더 풍요로운 자연과 함께할 수 있기를 꿈꾼다.

여행 중에
만난
친구들을
소개합니다

**Green Toys
Organic
cotton
Plants color**

마음에 드는 인형을 만나면 망설이지 않는다. 그때 사지 않으면 돌아와서까지 그 인형 생각이 난다. 친구는 많을 수록 좋다.

발리에서 만난 친구들

유기농 원단에 천연 염색 기법으로 자연의 색을 더해 손으로 만든 인형들. 볼수록 정이 간다.

발리에서 오가닉 라이프를 추구하는 일본인들이 모여 운영하는 마켓에서 구입한 인형. 낯선 곳에서 아이들과 힘들어질 때 나에게 많은 위로를 준 친구.

거리의 아이들이 만든 인형. 우리나라에서는 걱정 인형으로 알려져 있다. 이 인형의 수익금으로 아이들은 학교에 갈 수 있고 생활에도 도움을 받는다.

발리 거리를 걷다 보면 쉽게 만날 수 있는 닭 모양의 가방. 모두 손으로 꼼꼼히 만든 것들이라 똑같은 것이 없기에 마음에 드는 컬러 매치를 골라 구입했다.

인도네시아의 대표 브랜드 중 하나인 'BIN house' 제품. 전통 기법으로 제작된 바틱 원단을 이용해 만든 인형으로 모두 손바느질로 완성했다. 같은 동물이라도 절대 똑같은 패턴이 없는 세상에 단 하나밖에 없는 인형들이다.

메이드 인 프랑스

프랑스의 유명 일러스트레이터 'Nathalie l'ete'. 워낙 오랫동안 좋아하던 그녀의 작품이 인형으로 만들어진 것을 본 순간 단숨에 데리고 왔다.

오래전 파리 시청 앞 숍에서 드로잉한 상자와 인형이 전시되었을 때 구입한 '100drine'. 우리말로 '산드린'이라고 읽는다.

10년 전, 아직 니트 인형이 한국에 드물었을 때 출장차 간 파리에서 가슴에 품고 돌아온 인형. 어른 아이 할 것 없이 좋아하는 'simon' 'minilabo' 제품.

딸랑이 소리에 타월지를 겹친 너무 착한 아이들. 그런데 우리 아이들은 별로 좋아하지 않아서 태그를 단 채 보관 중이다.

Made in France

앤티크 인형 중에서도 사랑을 듬뿍 받고 있는 검정 강아지 인형. 왜 앤티크 인형을 모으는지 알 수 있을 듯한 오래된 것들이 주는 편안함과 사랑스러움이 담겨 있다.

15년 전 프랑스 'muji'에서 구입했던 토끼. 뜯어진 눈이 말해 주듯 세월의 흔적만큼 첫째 노아가 물고 빨았던 인형이다.

포복절도할 미스터 빈(Mr. Bean) 영화 속의 곰. 너무 좋아하는 이 곰은 홍대 근처 편집 숍에서 구입한 것이다.

우리나라 백화점 아이들 코너에서 자주 볼 수 있었던 'anne-claire petit' 인형.

'괴물들이 사는 나라(Where the wild things are)'. 모리스 센닥의 그림책은 아이들이 있는 집이라면 꼭 한 권씩은 있을 듯. 좋아하는 동화책 속의 인형을 만나면 무조건 사고 본다.

늘 그렇듯 가방과 인형은 정말 좋다. 파리의 작은 숍에서 구입한 인도 가족 인형.

가방 속에 사는 인형들

아주 아주 작은 니트 인형들은 프랑스의 작은 농장부터 한국의 편집 숍까지 뒤져 오랜 기간 모은 것들이다.

일본 디자이너 브랜드 'mina perhonen'에서 나온 토끼 가방. 유난히 느랑 리넨 토끼가 좋아 어렵사리 구했다.

유럽 출장길에서 둘째 무아를 위해 구입한 가방. 귀여운 부엉이가 포인트다.

'mina perhonen' 아동복에서 나온 말 인형. 막내가 좋아해 등 위쪽 작은 주머니에 사탕을 숨겨놓는 용도로 쓴다.

'Anne'라는 프랑스 디자이너는 시즌마다 소량으로 아동복을 선보이는데 그 시즌 패브릭으로 저 토끼 가방이 나온다.

막내가 좋아하는 손가락 인형 책. 하나하나 손으로 뜬 인형에 담긴 정성이 놀랍기만 하다.

우연히 온라인에서 발견해서 한 달 동안 기다려서 받은 인형. 리투아니아에서 온 친구들이다. 주머니까지 만들어서 보내준 정성에 다시 한 번 감동했다.

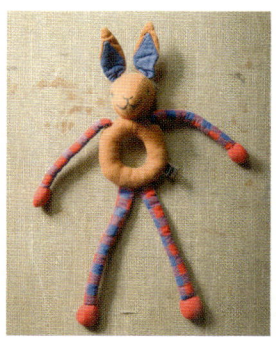

공정무역 제품에 약한 나는 아이들이 중학생이 될 나이여도 인형을 사고야 만다. 손으로 직조한 인도산 면으로 만든 인형이라 색이 예쁘다.

일본 전통 복장의 하나인 '유카타'에 쓰이는 면으로 만든 원숭이 인형.

스웨터 등으로 인형을 만드는 일본 브랜드. 출장 갔다가 데려온 지 7년이 지났지만 여전히 변함없이 매력적이다.

안녕! 만나서 참 반가웠어요.
인형 하나 만들고 싶은 마음이 들었다면,
그것만으로도 행복할 것 같습니다.
착한 인형, 두두!
당신에게도 이런 친구 하나,
꼭 생겼으면 좋겠습니다.

인형 본은 여기 있어요

그냥 본을 대고 그려서
잘라 만들면 됩니다.
복잡할 건 없어요.
내 마음대로 바느질하면 그만이죠.
어설퍼도, 부족해도
오히려 더 멋이 나는 인형들.
그 본을 드리겠습니다.

3
dou dou

Je l'ai acheté
chez Bricorama
pour peintre ma fenêtre.
J'ai ~~ou~~ oublié le prix)

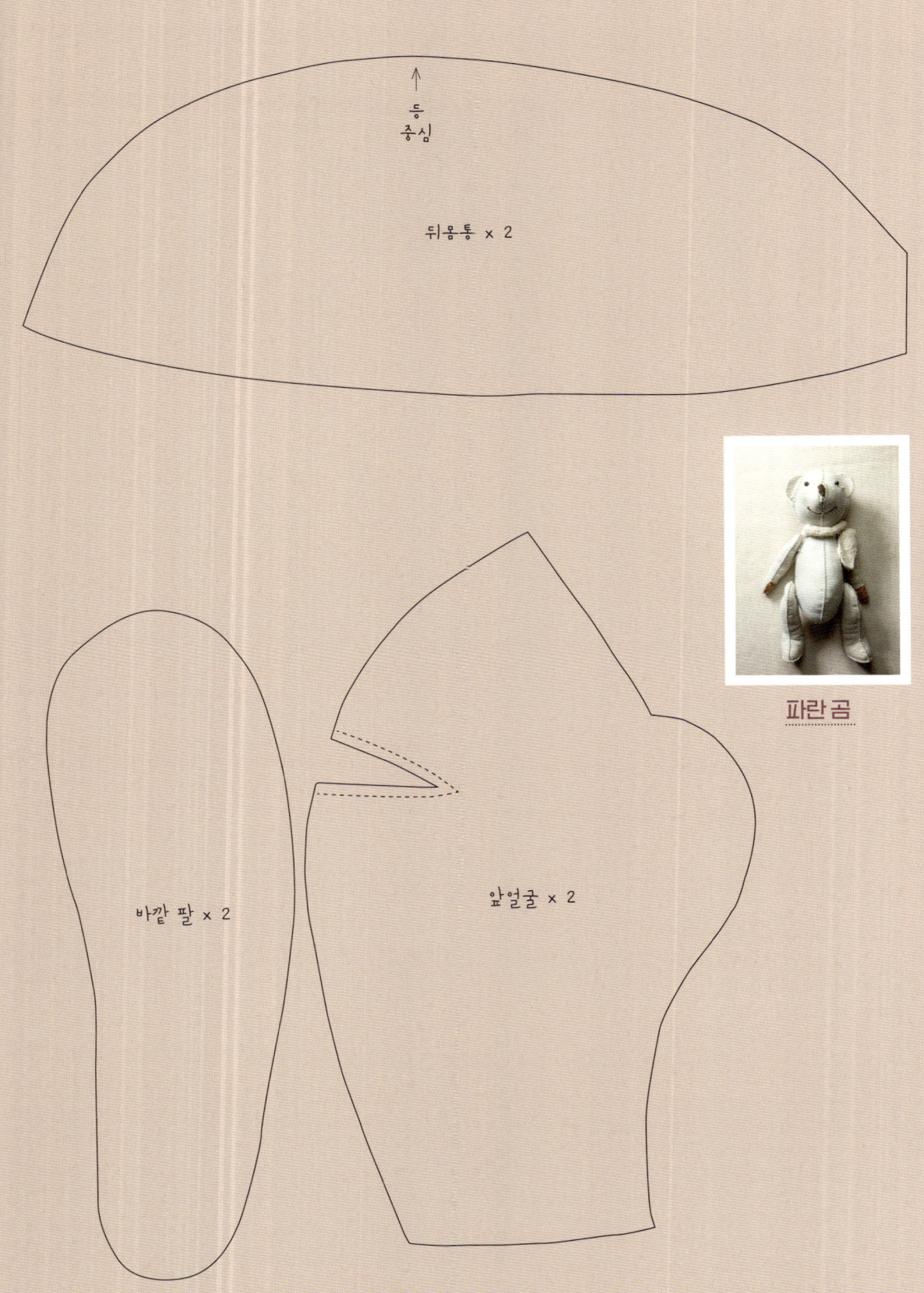

파란 곰

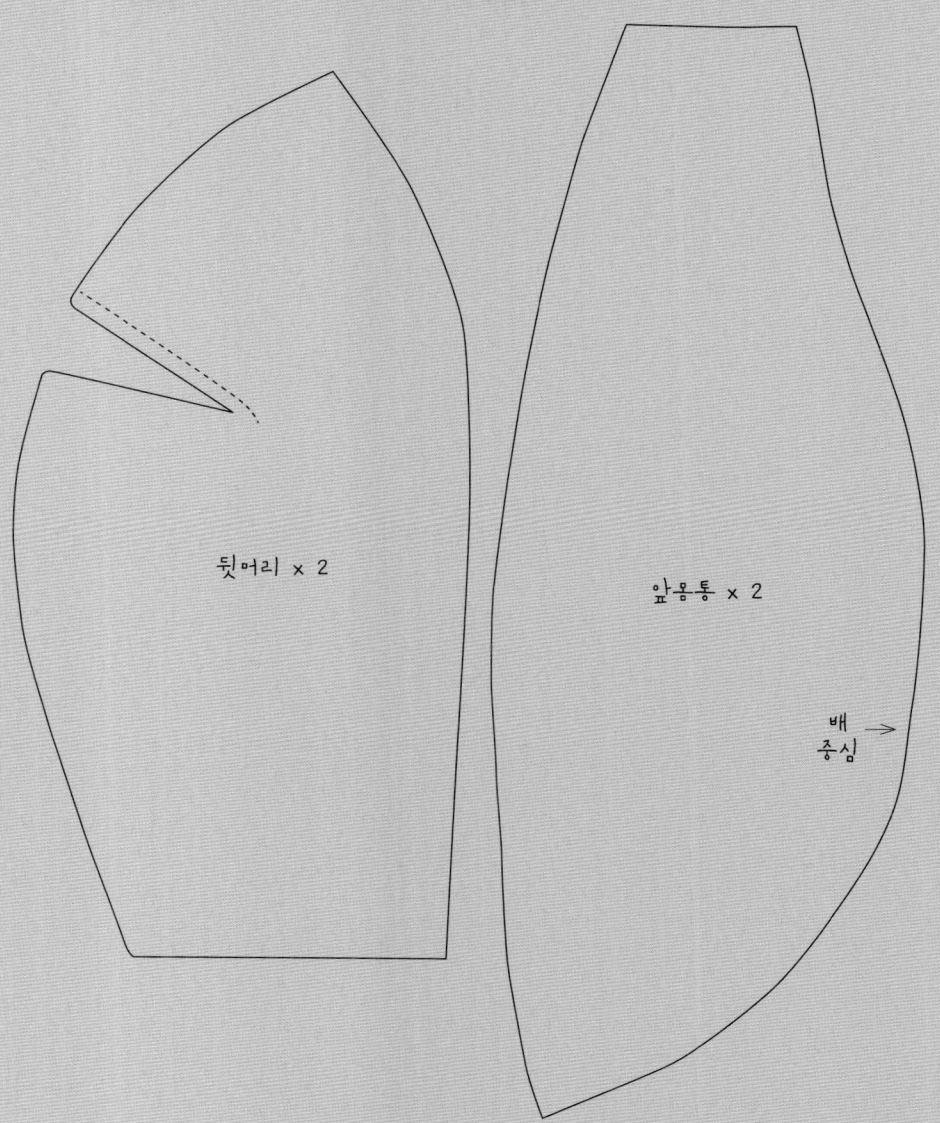

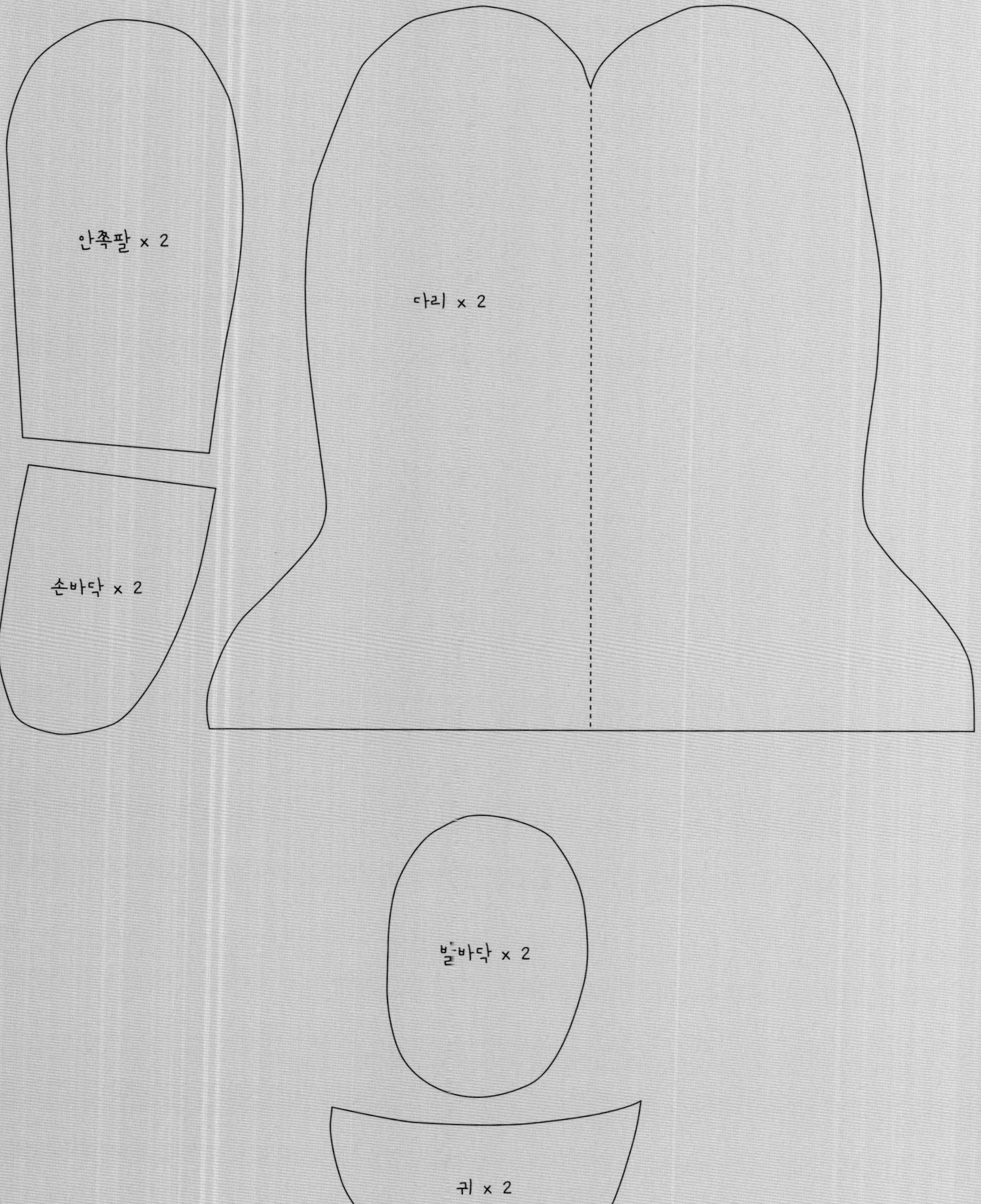

안쪽팔 x 2

손바닥 x 2

다리 x 2

발바닥 x 2

귀 x 2

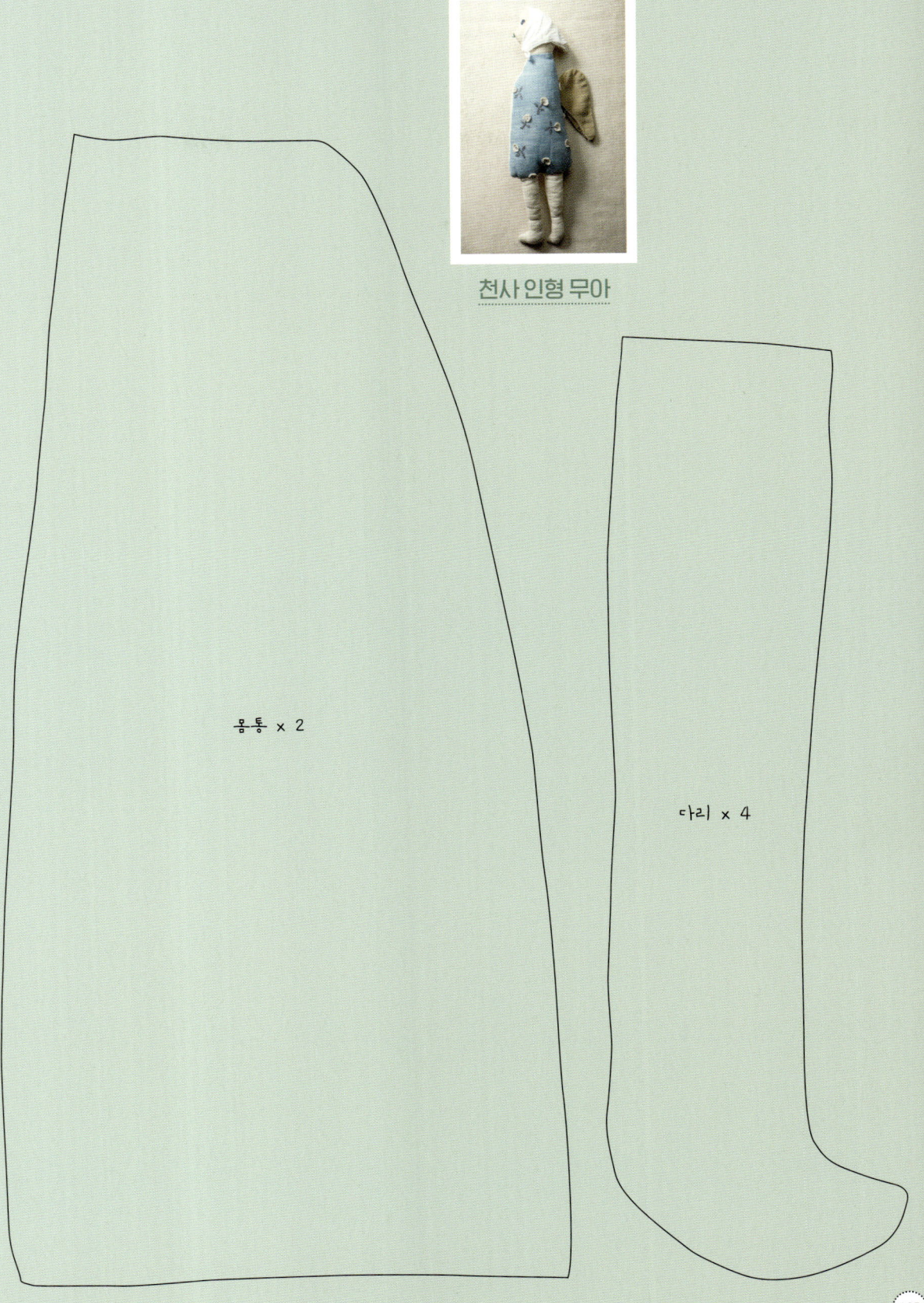

천사 인형 무아

몸통 x 2

다리 x 4

머릿수건

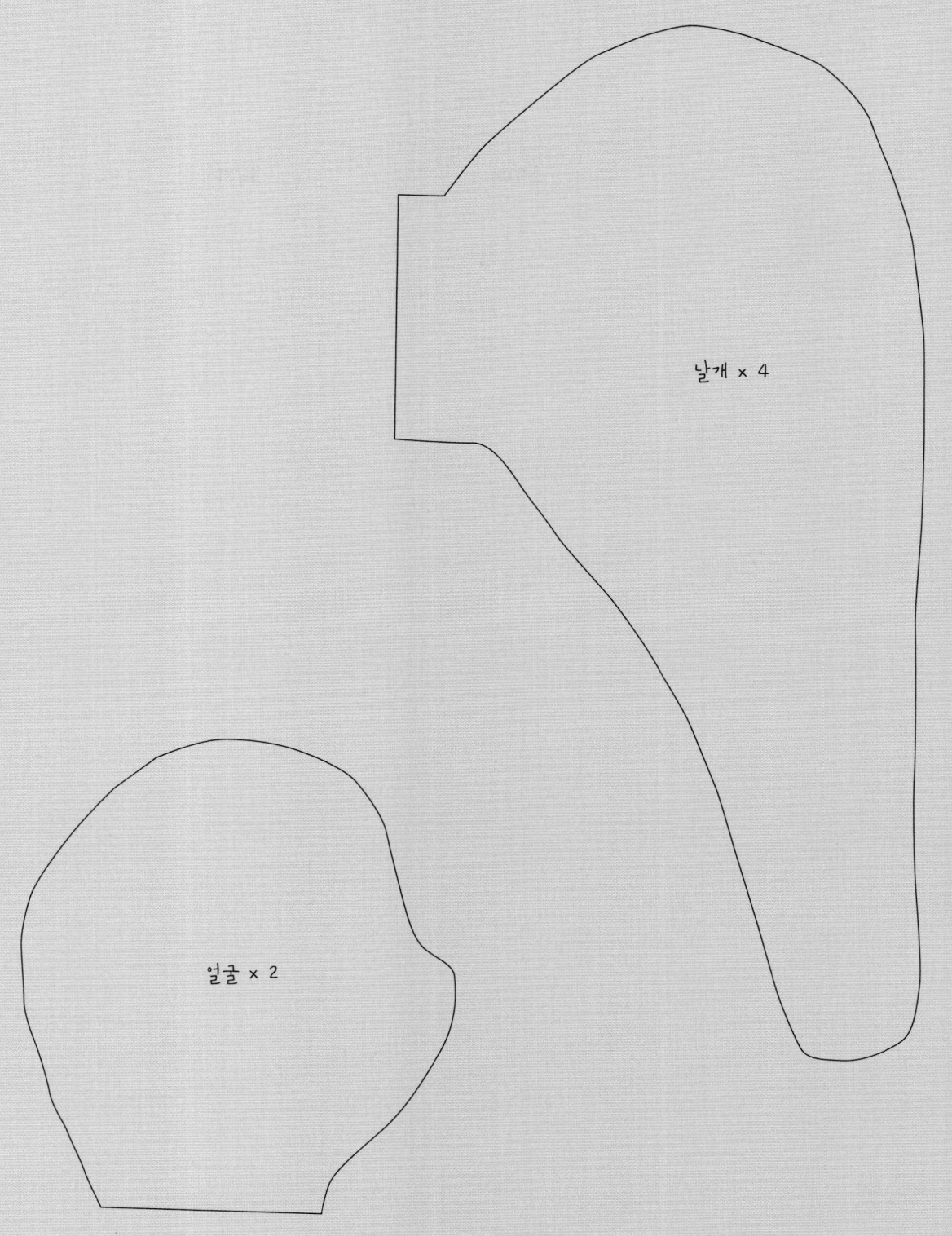

그림자 인형 요나

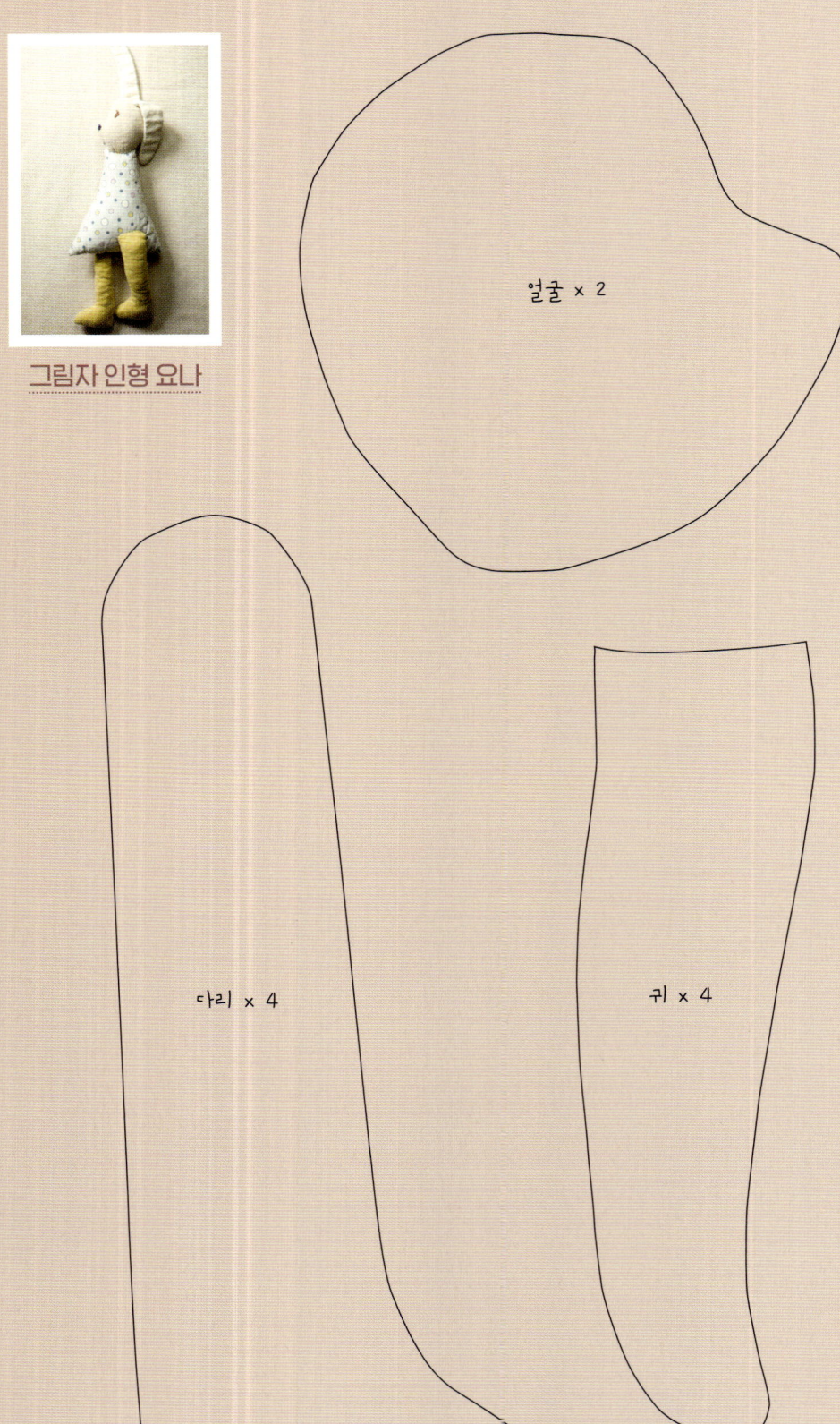

얼굴 x 2

다리 x 4

귀 x 4

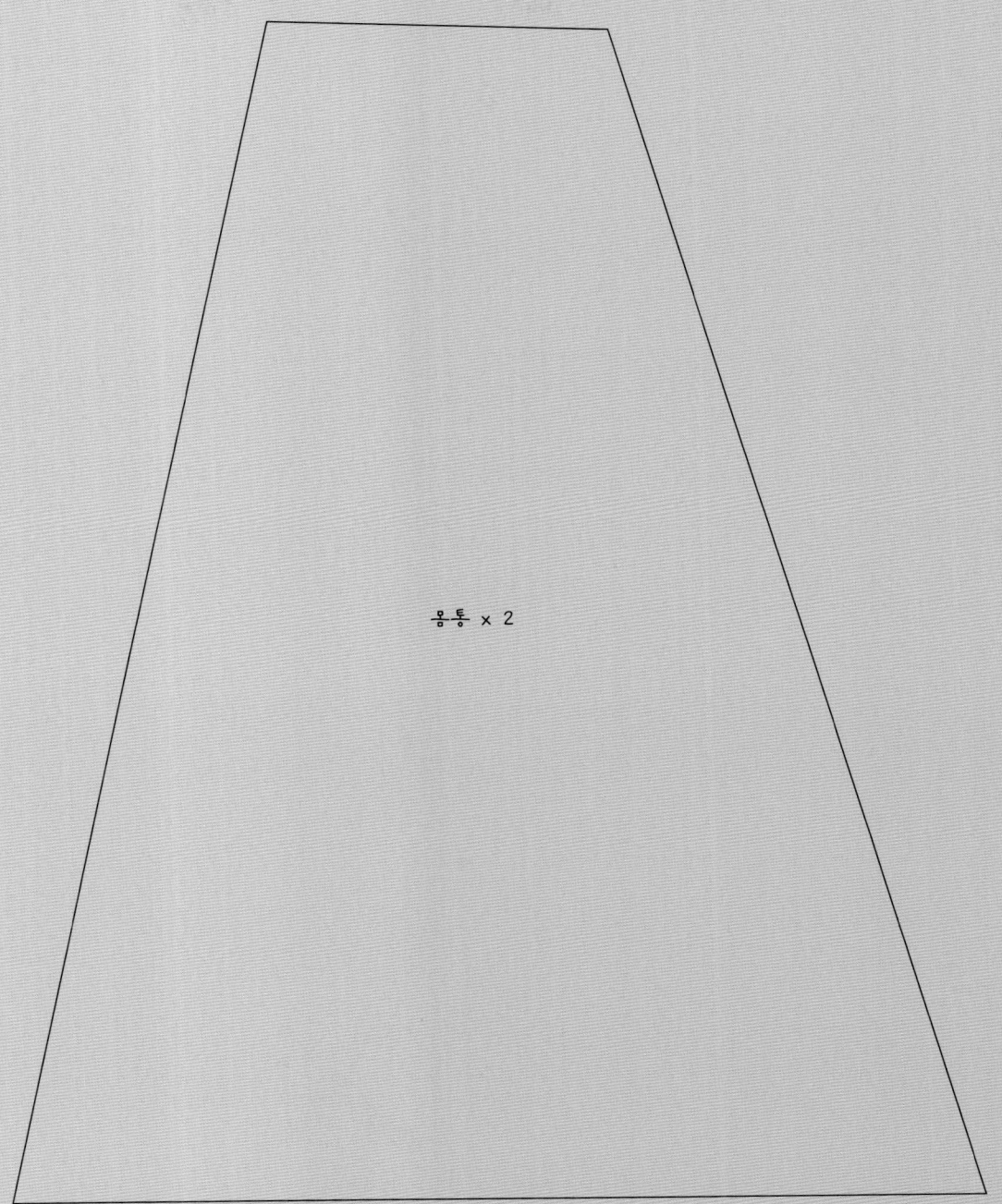

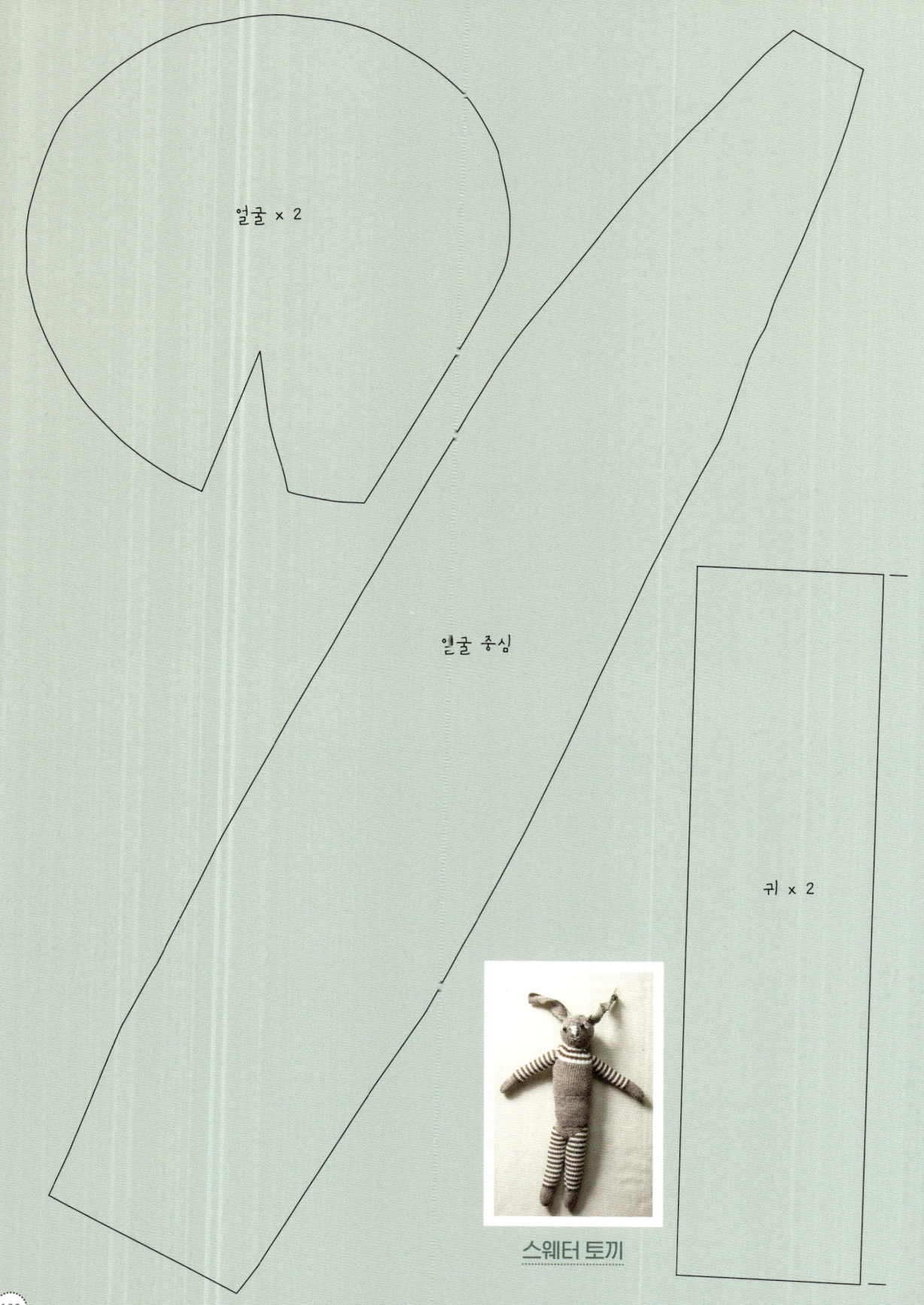

얼굴 × 2

얼굴 중심

귀 × 2

스웨터 토끼

× 2

몸통 × 2

× 2　× 2

발바닥

윗머리

커트지 코끼리

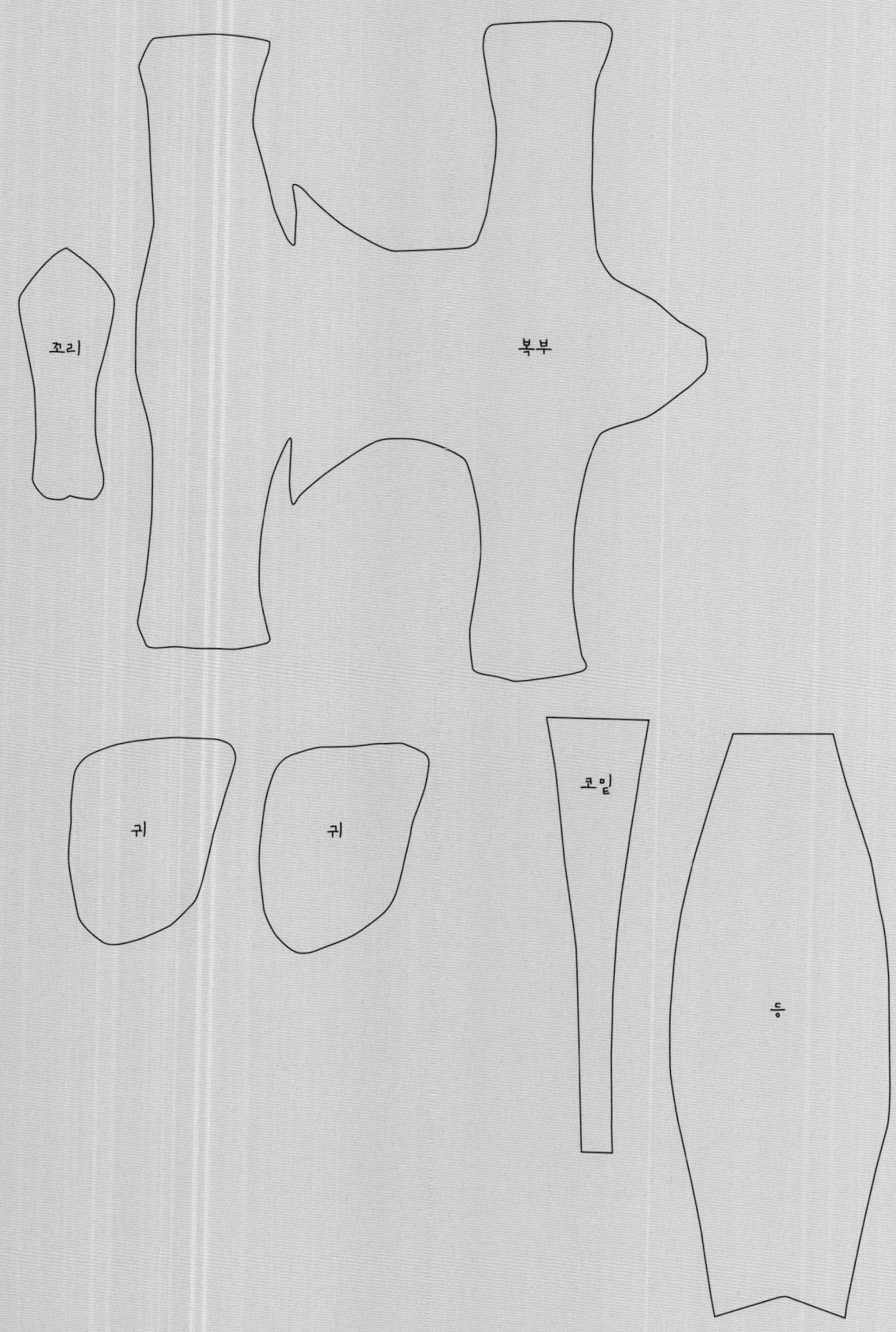

니트 토끼

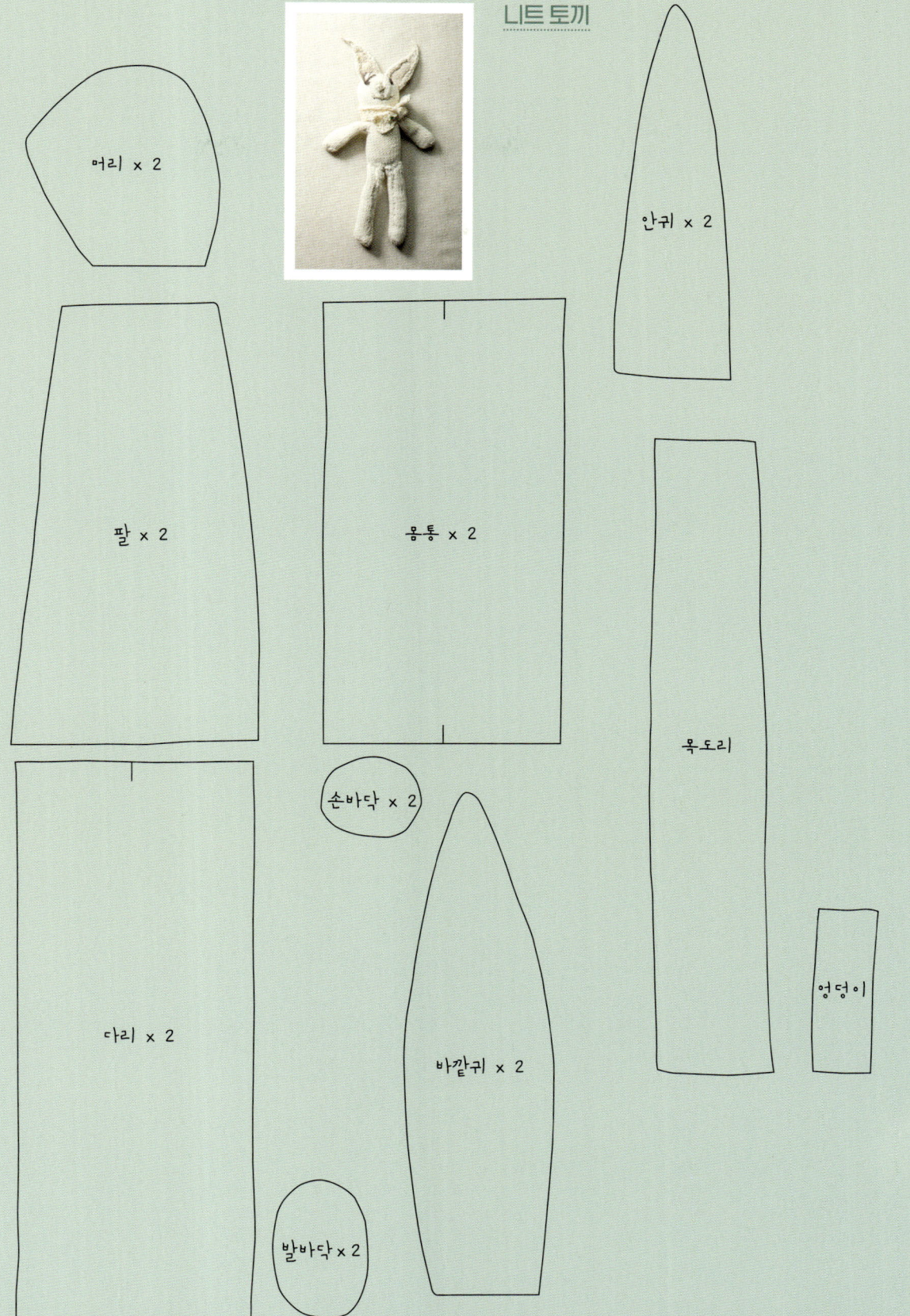

- 머리 x 2
- 안귀 x 2
- 팔 x 2
- 몸통 x 2
- 손바닥 x 2
- 목도리
- 다리 x 2
- 바깥귀 x 2
- 엉덩이
- 발바닥 x 2

커트지 얼룩말

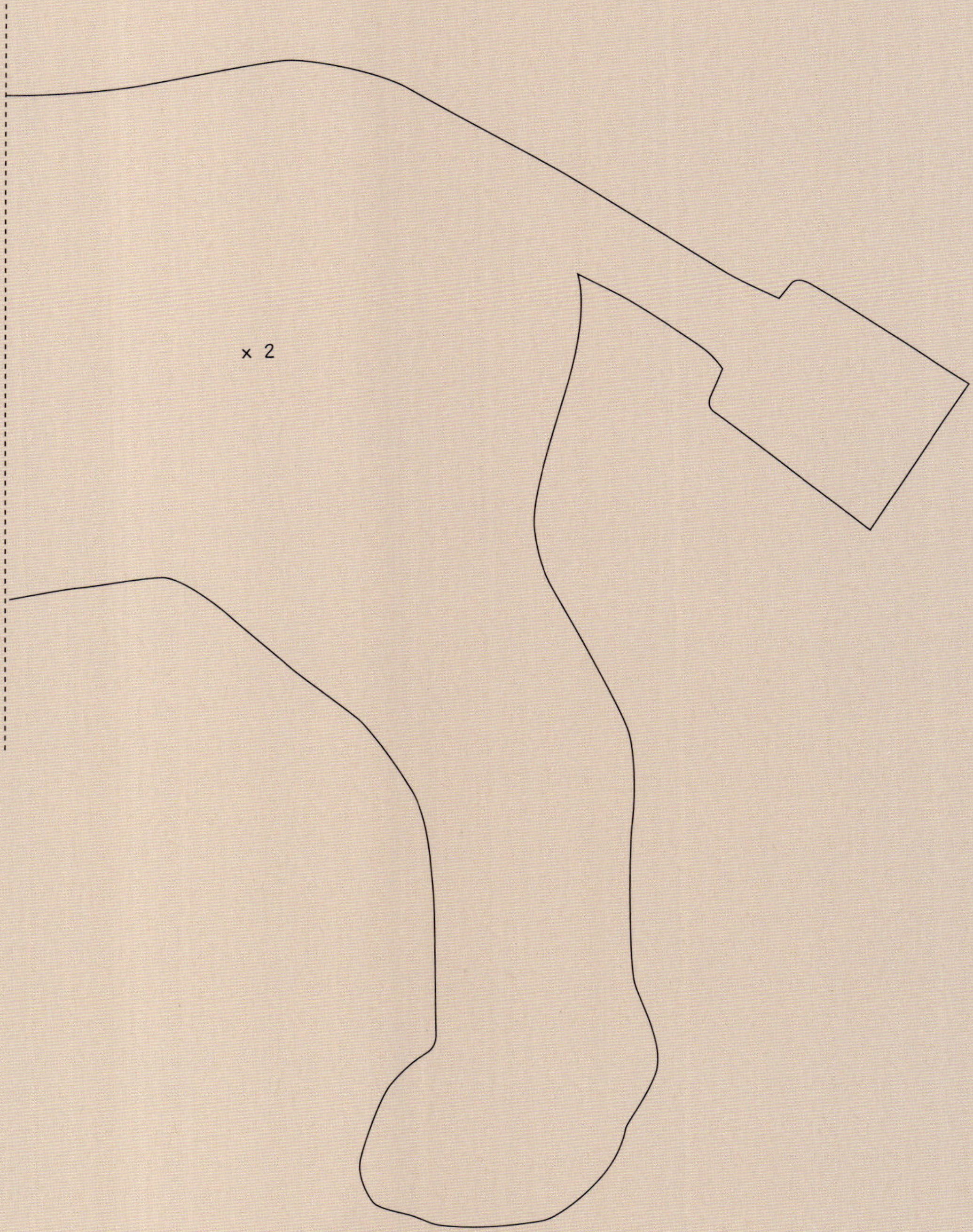

× 2

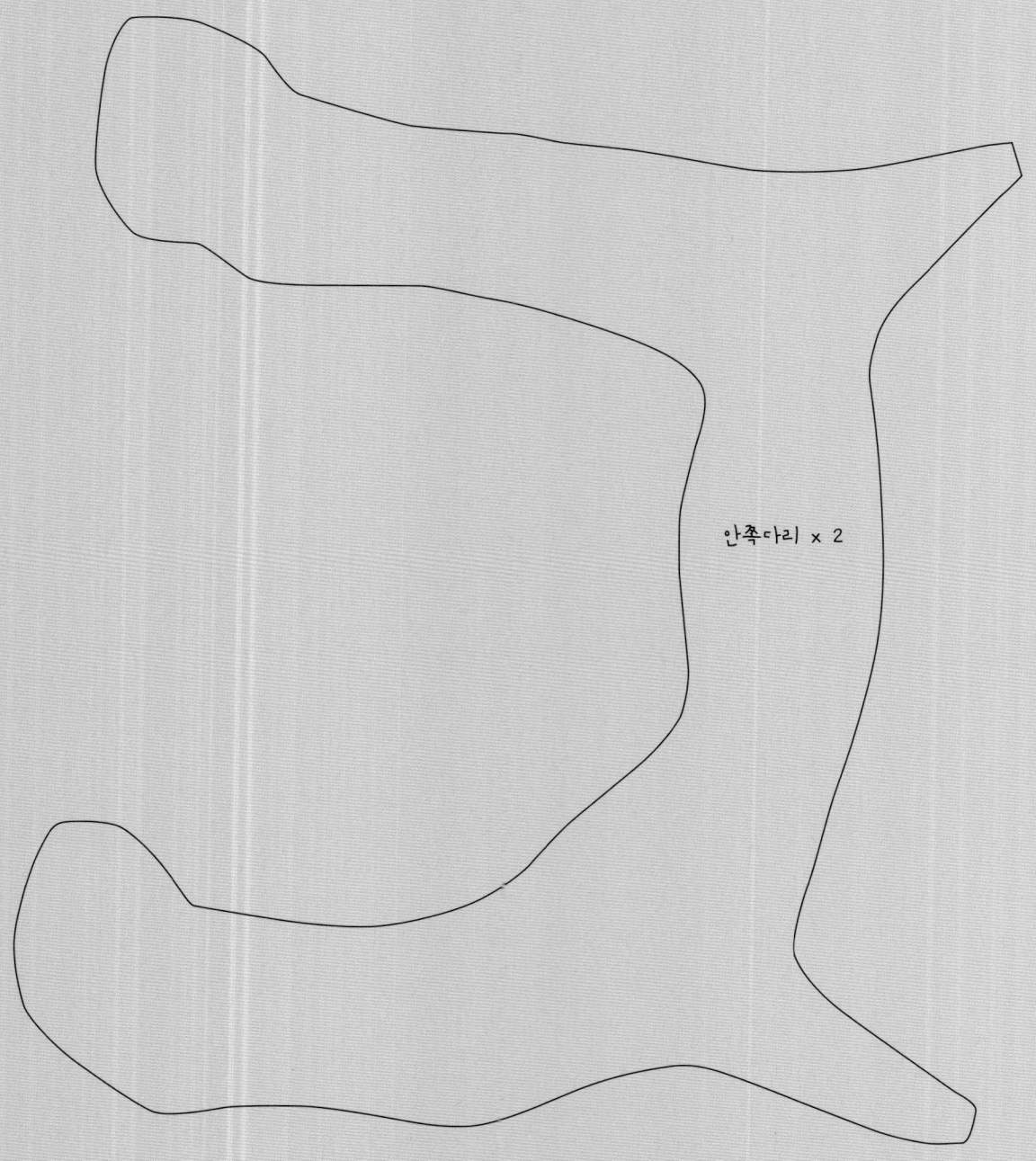

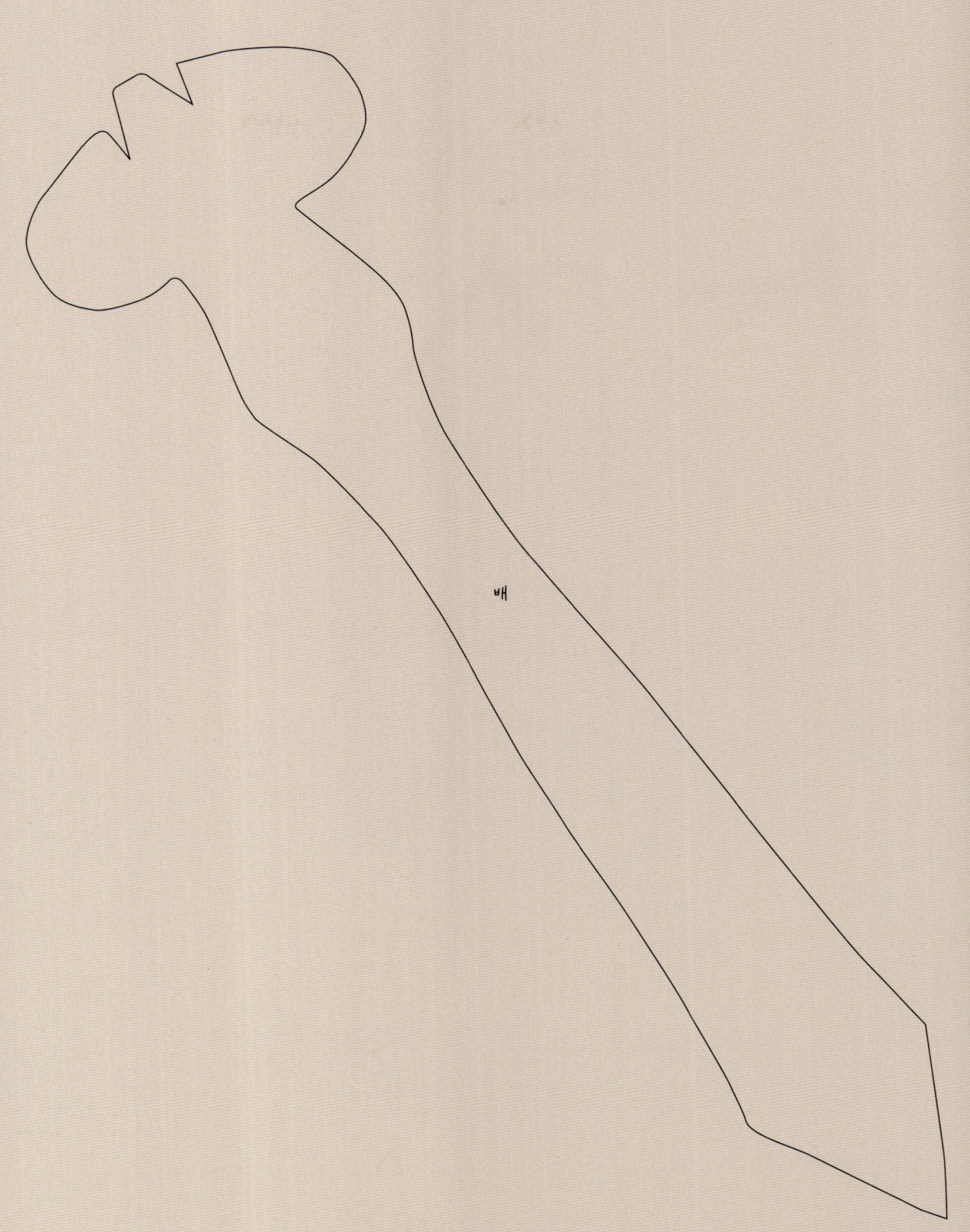

곰

몸 × 2

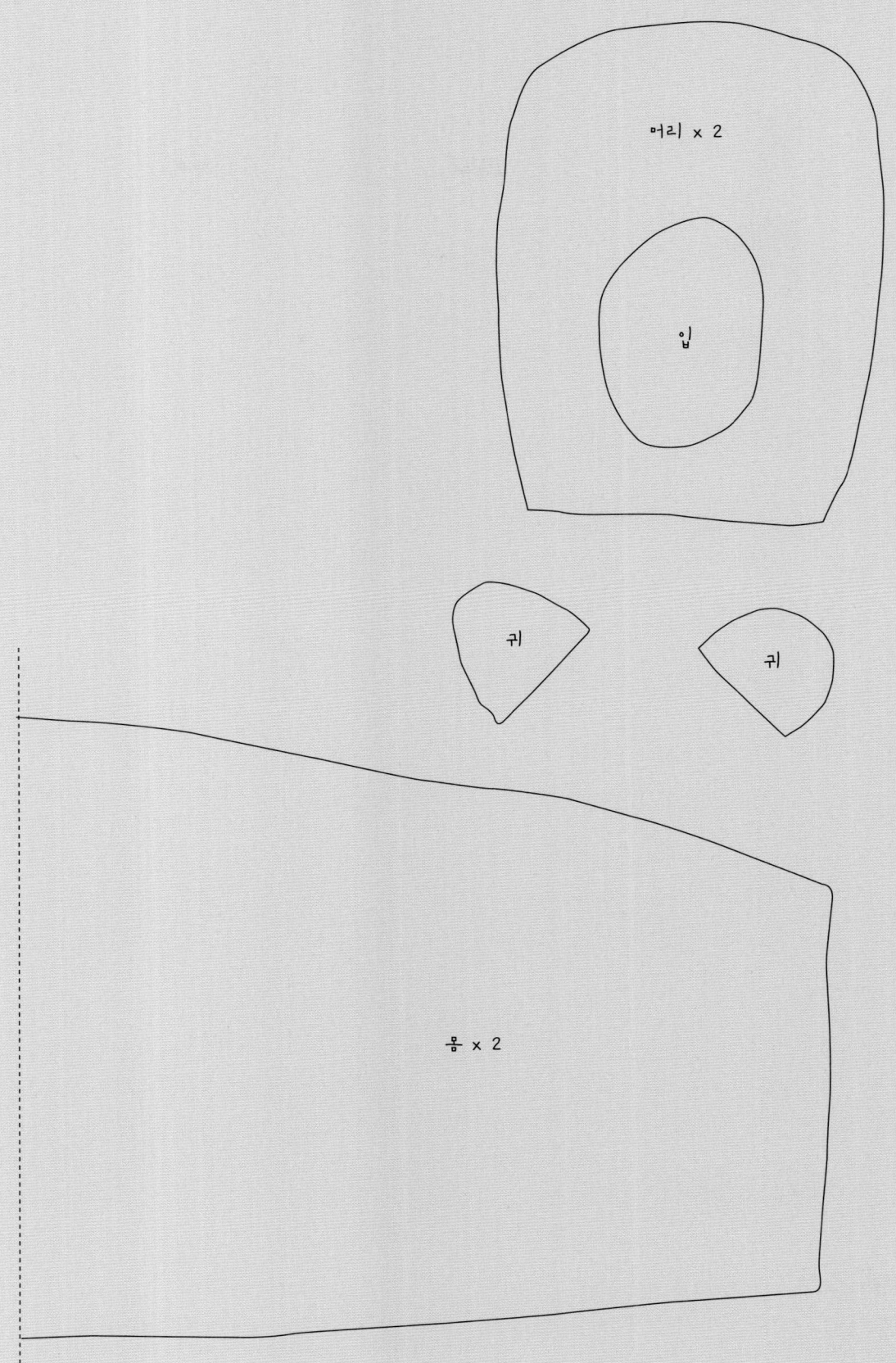

사자

음

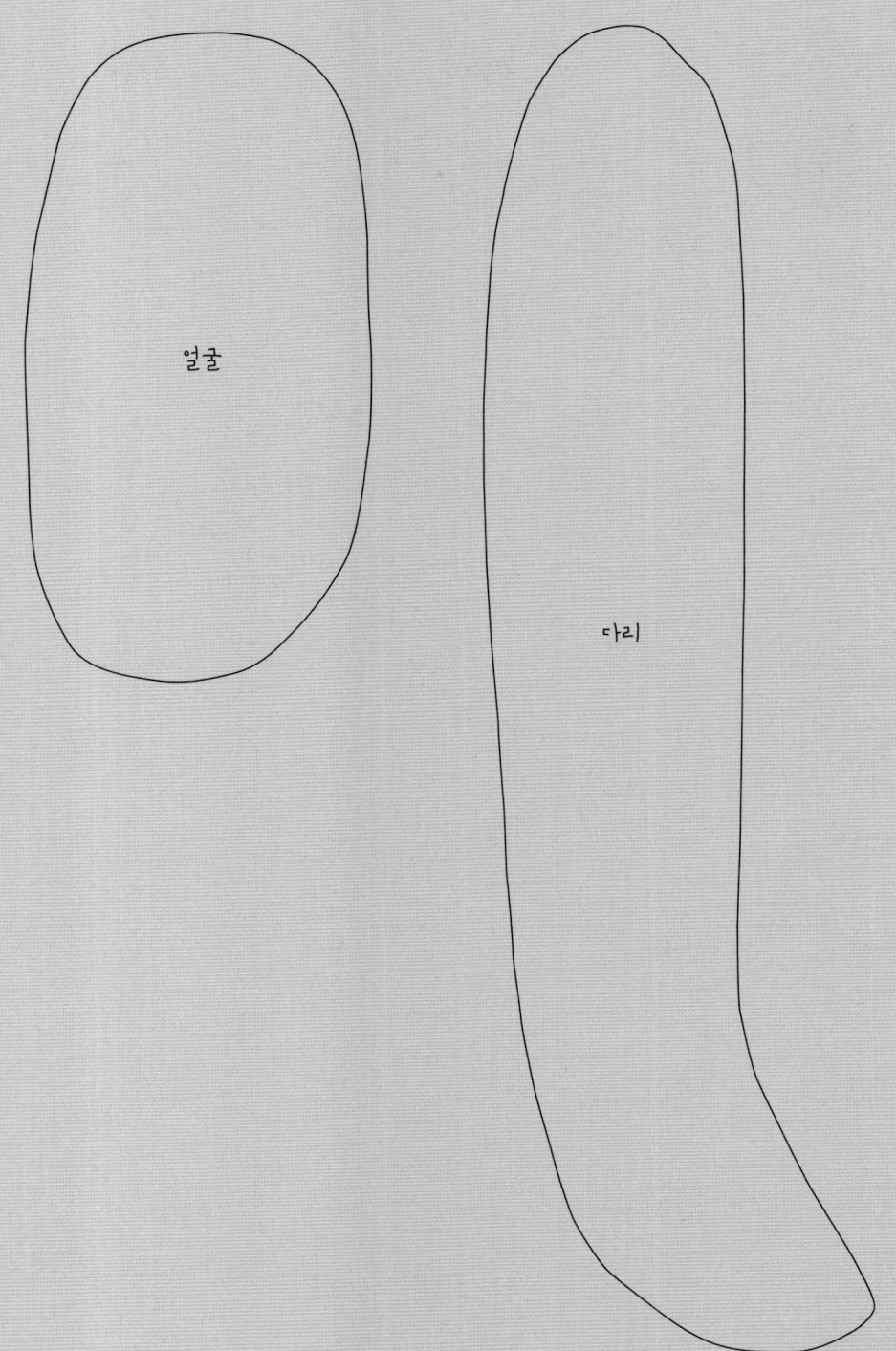

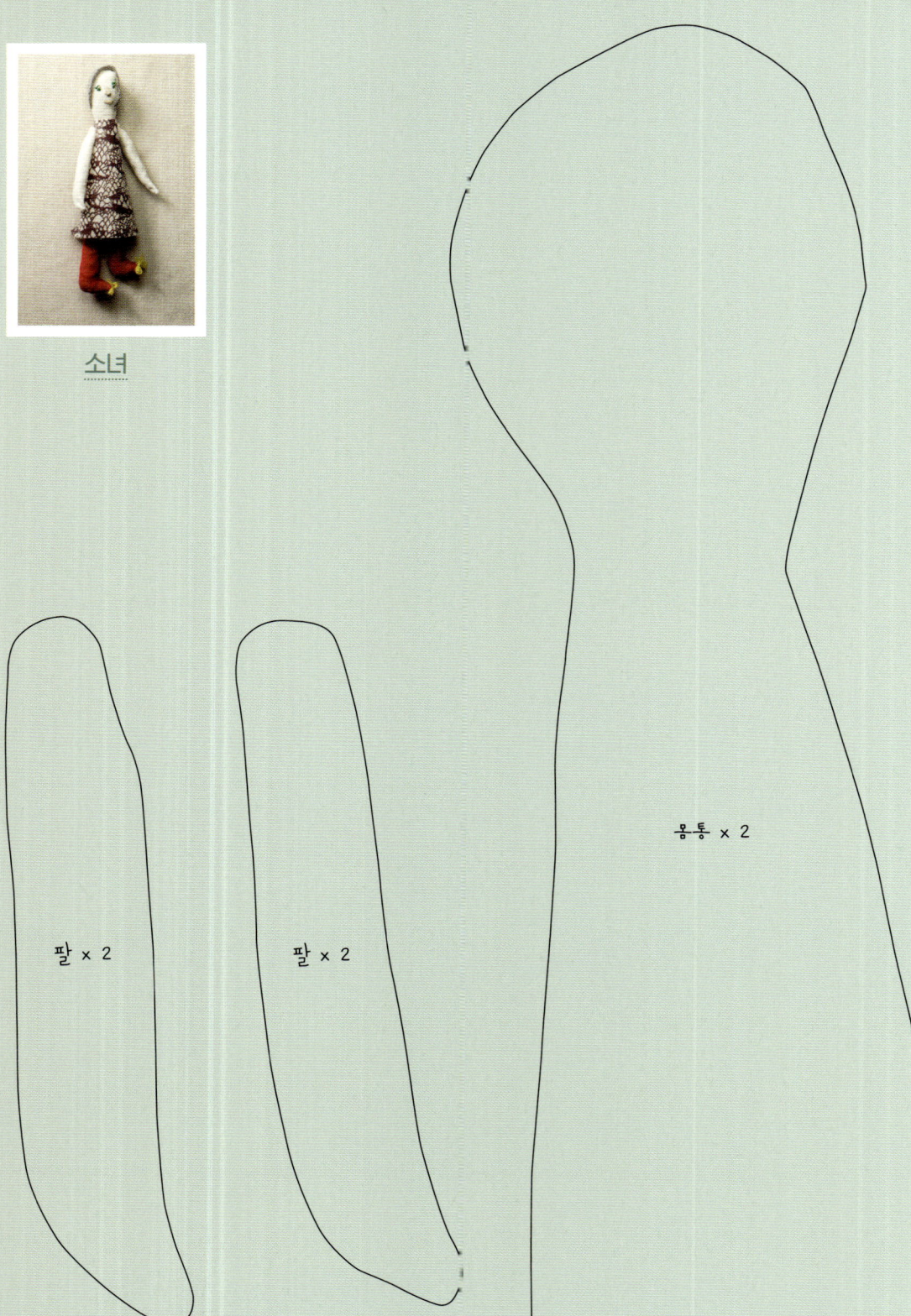

소녀

팔 × 2

팔 × 2

몸통 × 2

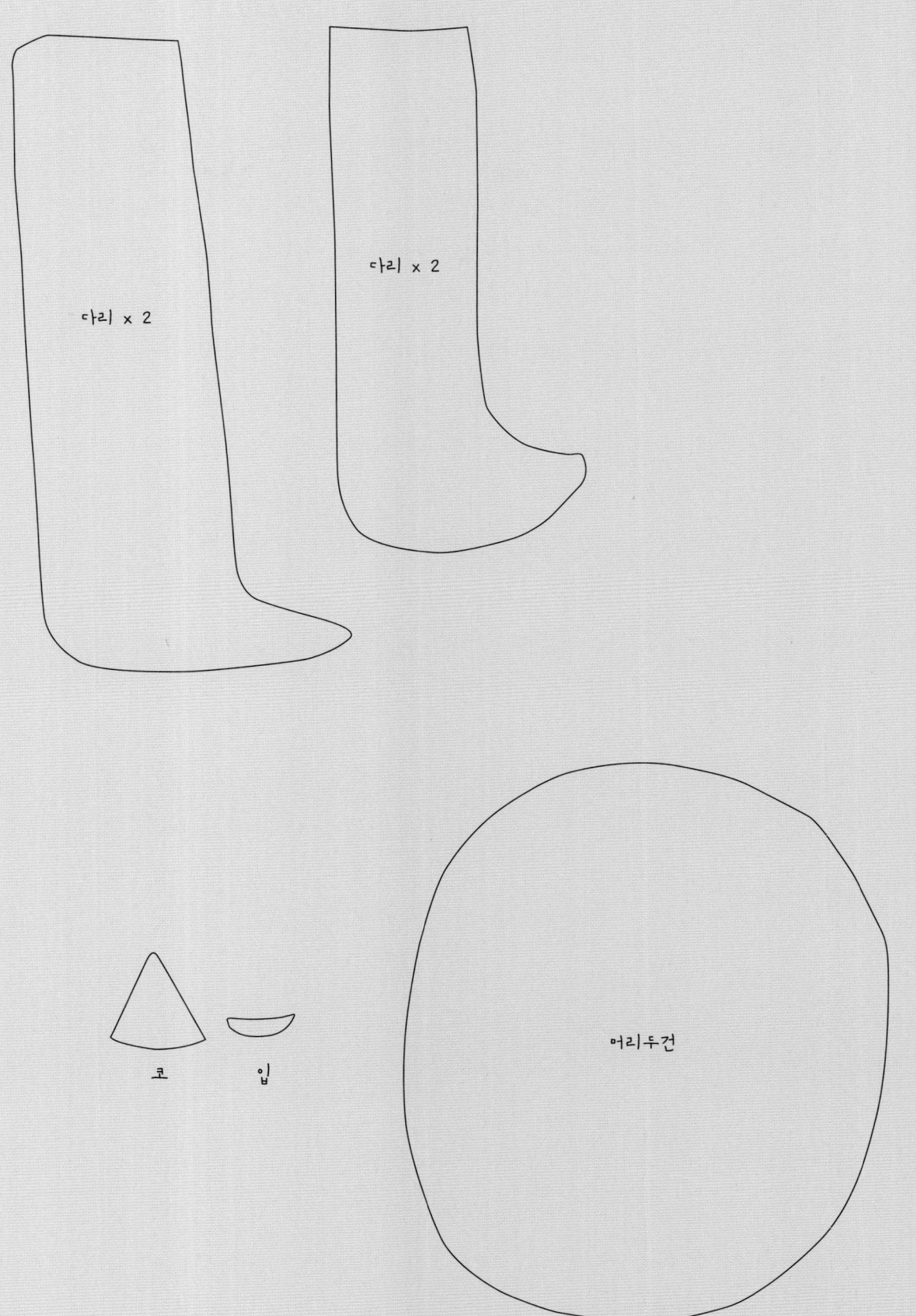

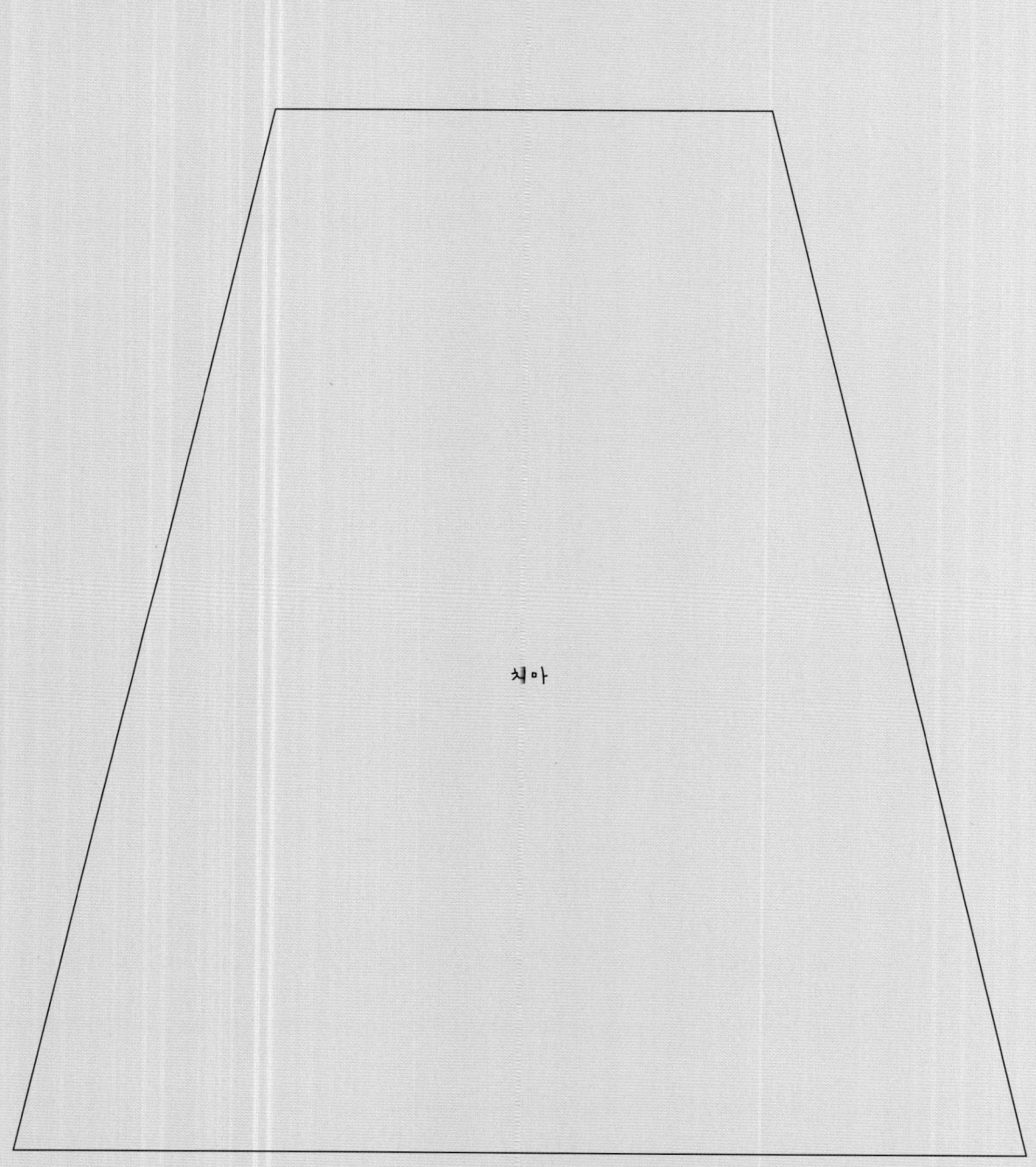

코

돼지

몸통 × 2

앞발 × 4

뒷발 × 4

귀 × 2

꼬리

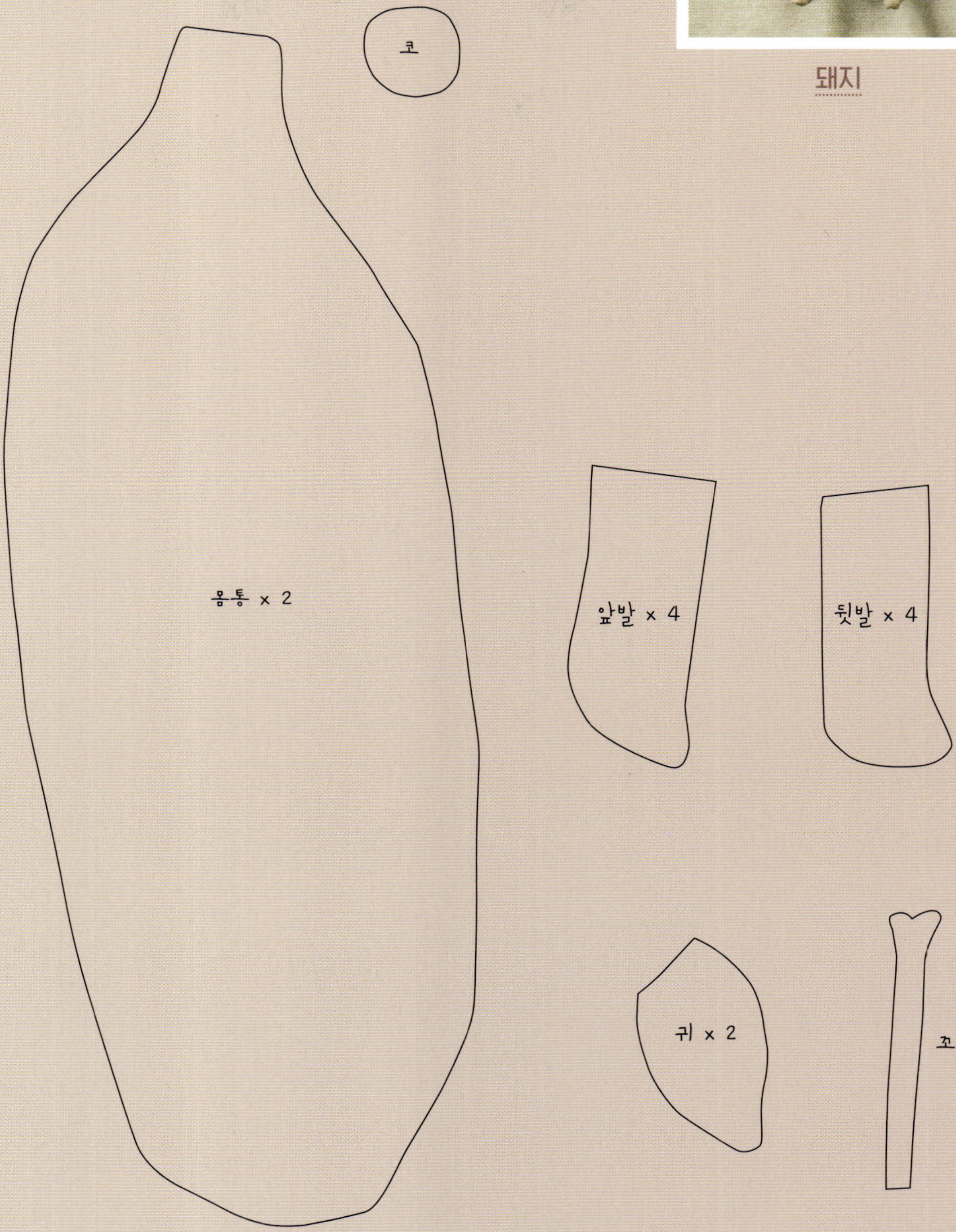

파랑새

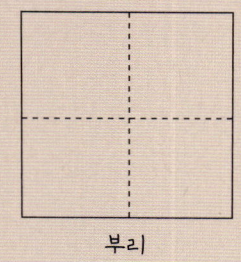

부리

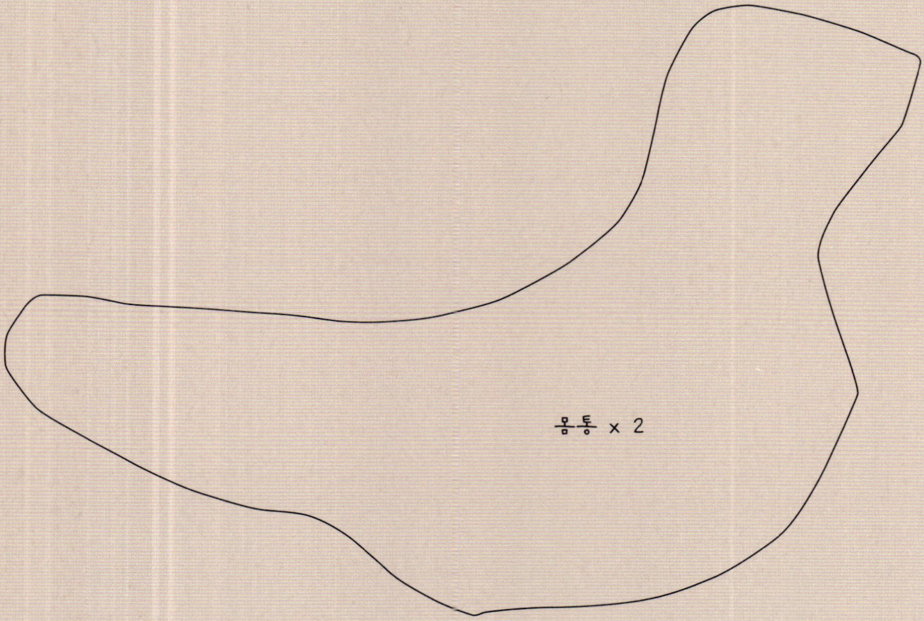

몸통 x 2

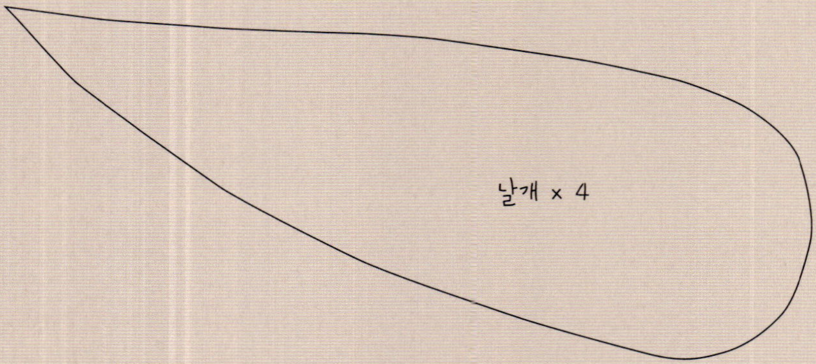

날개 x 4

버섯
④ × 3

④

④

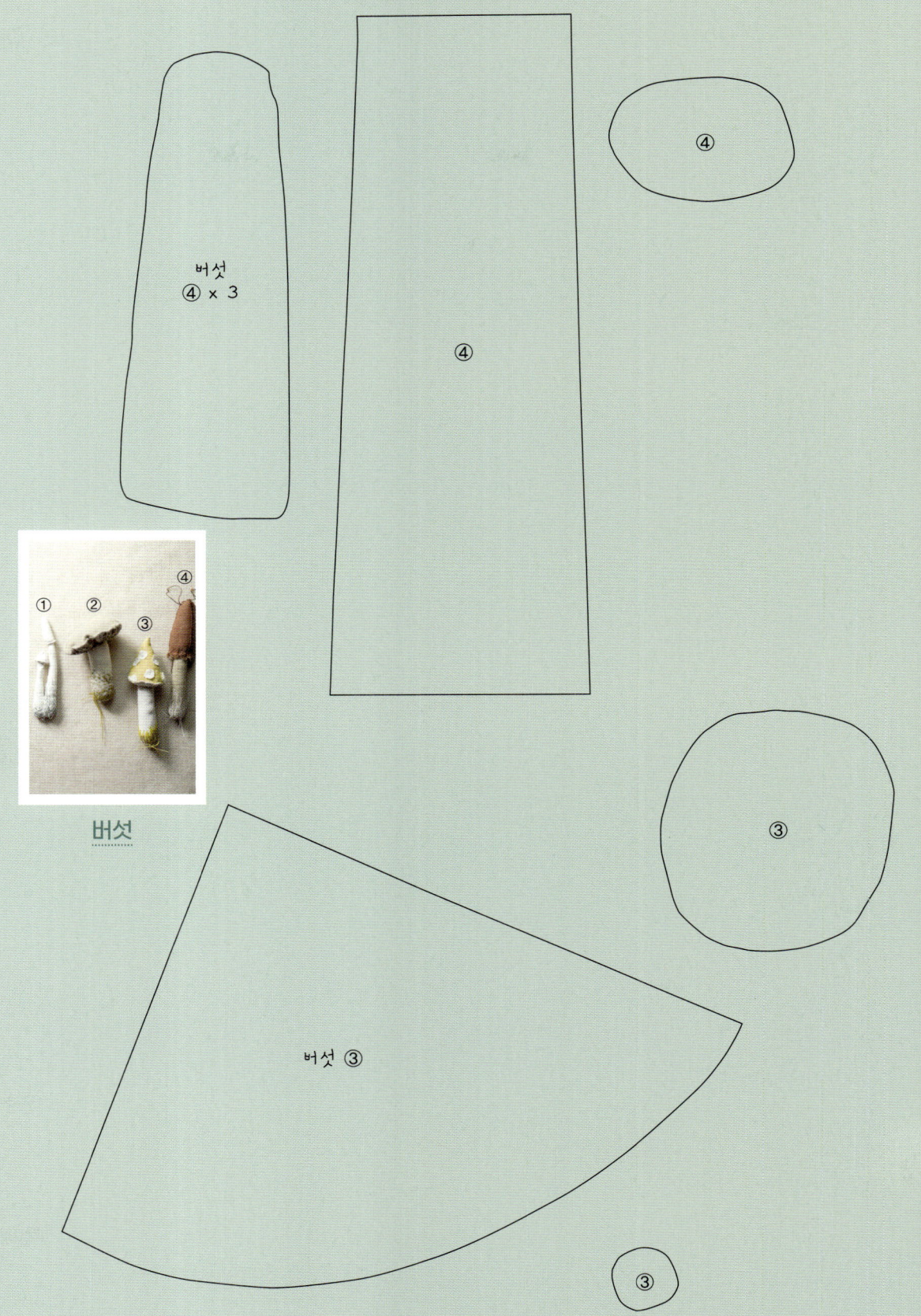
버섯

③

버섯 ③

③

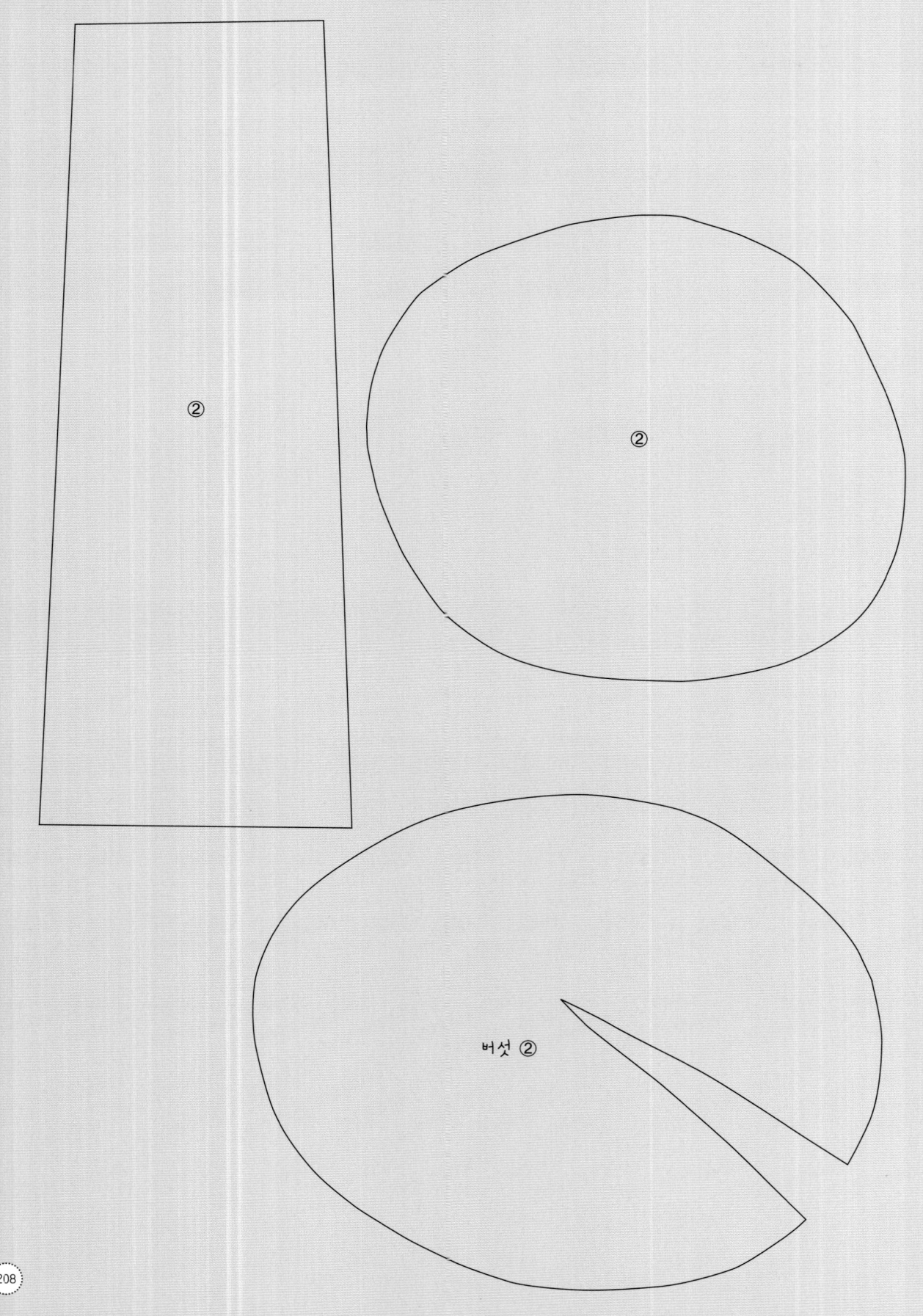

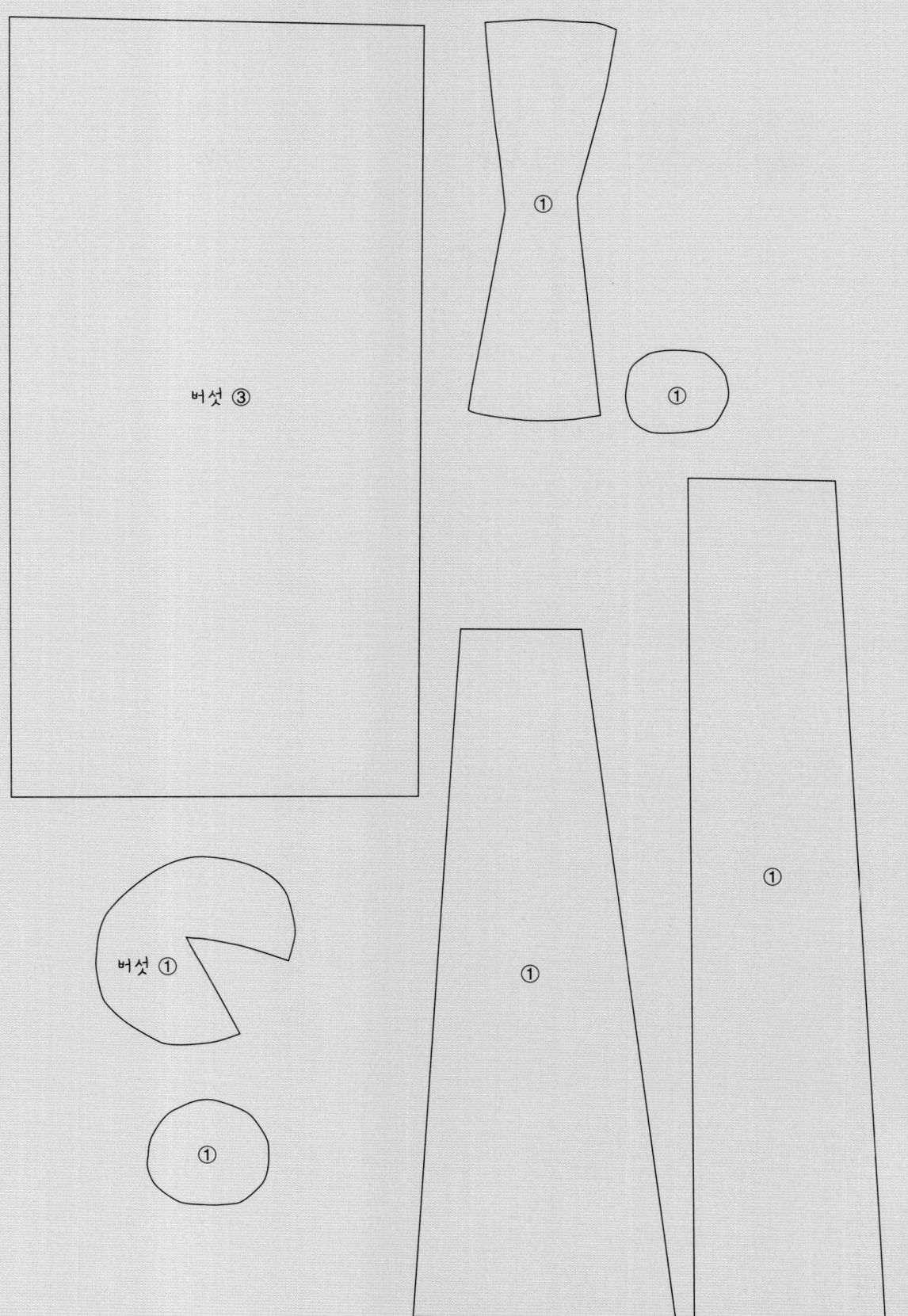

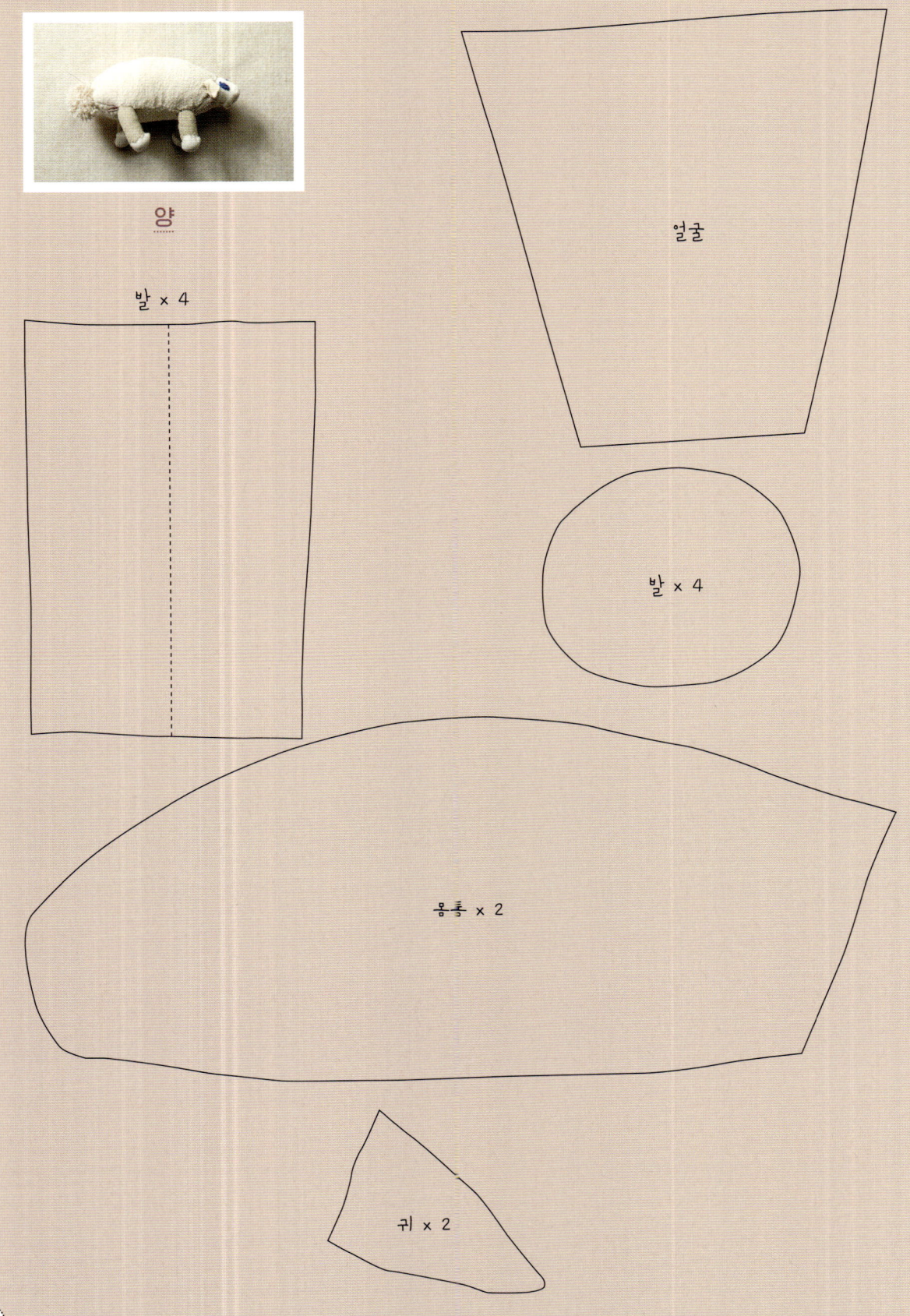

펠트 토끼

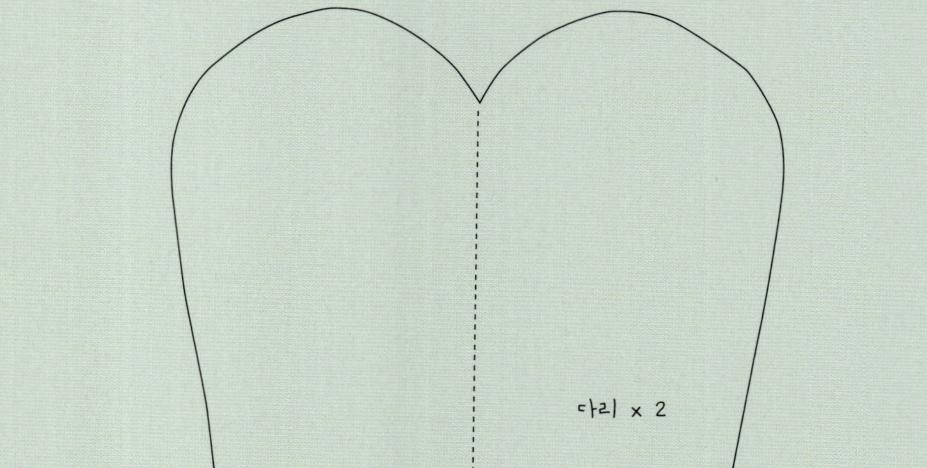

다리 x 2

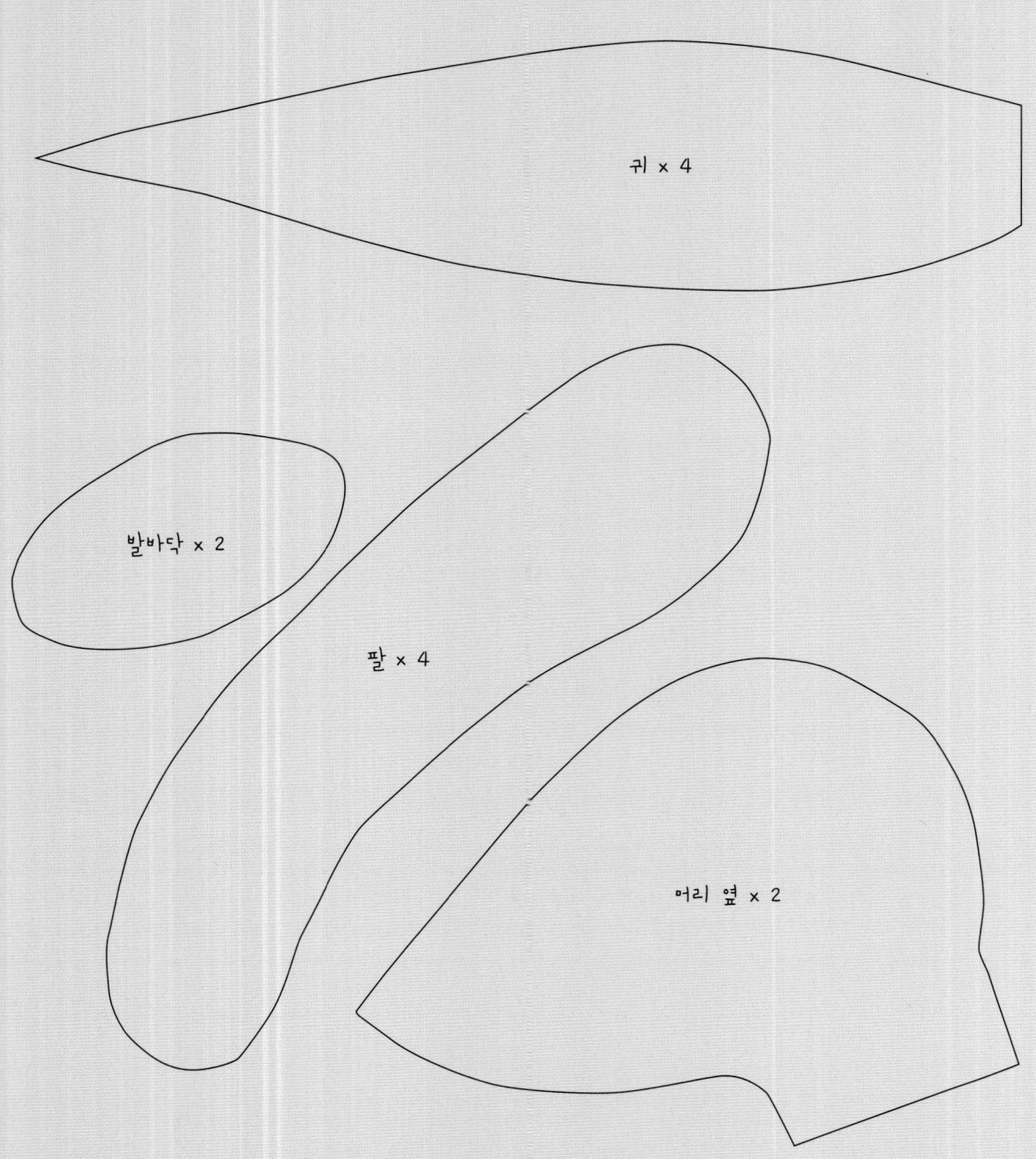

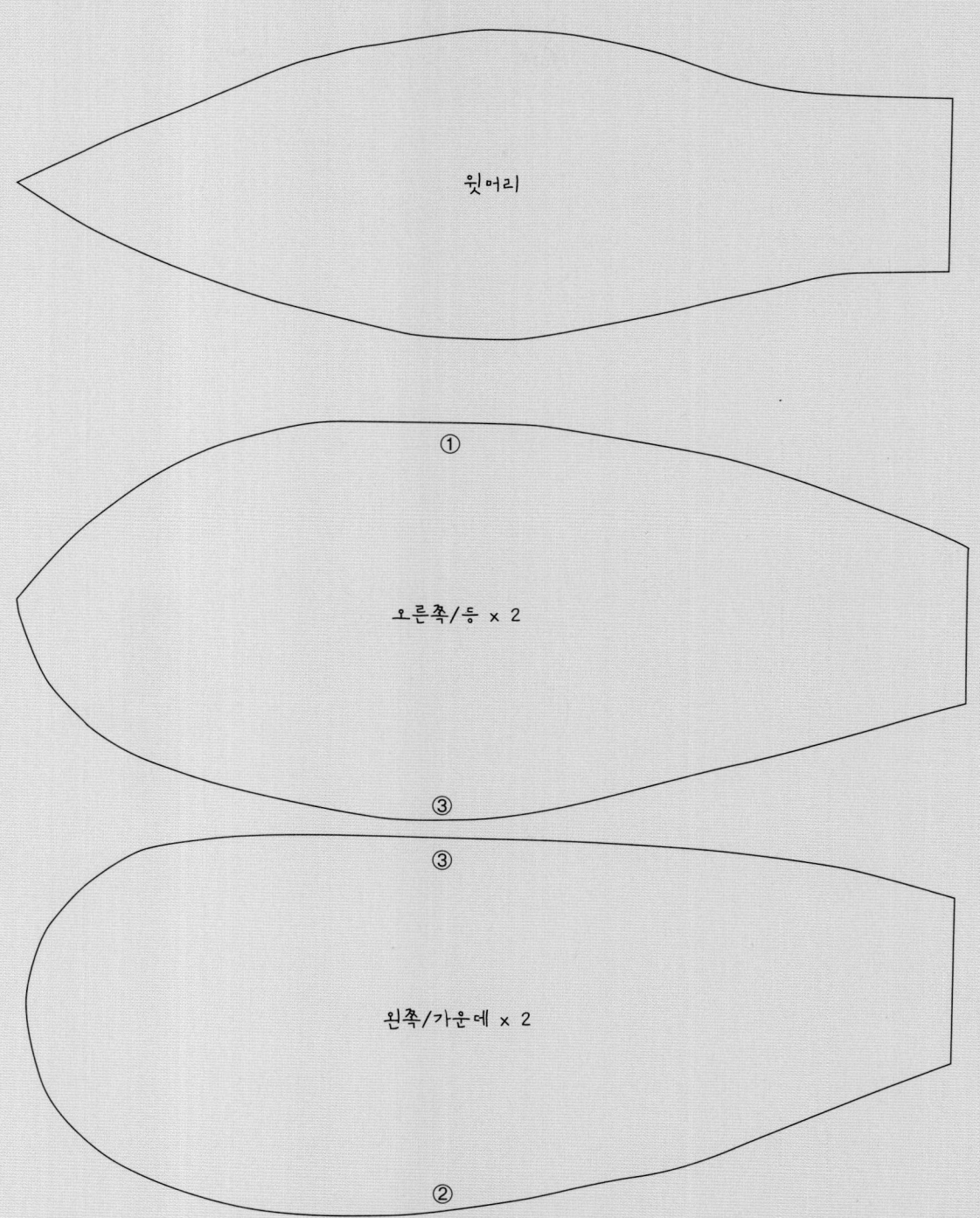

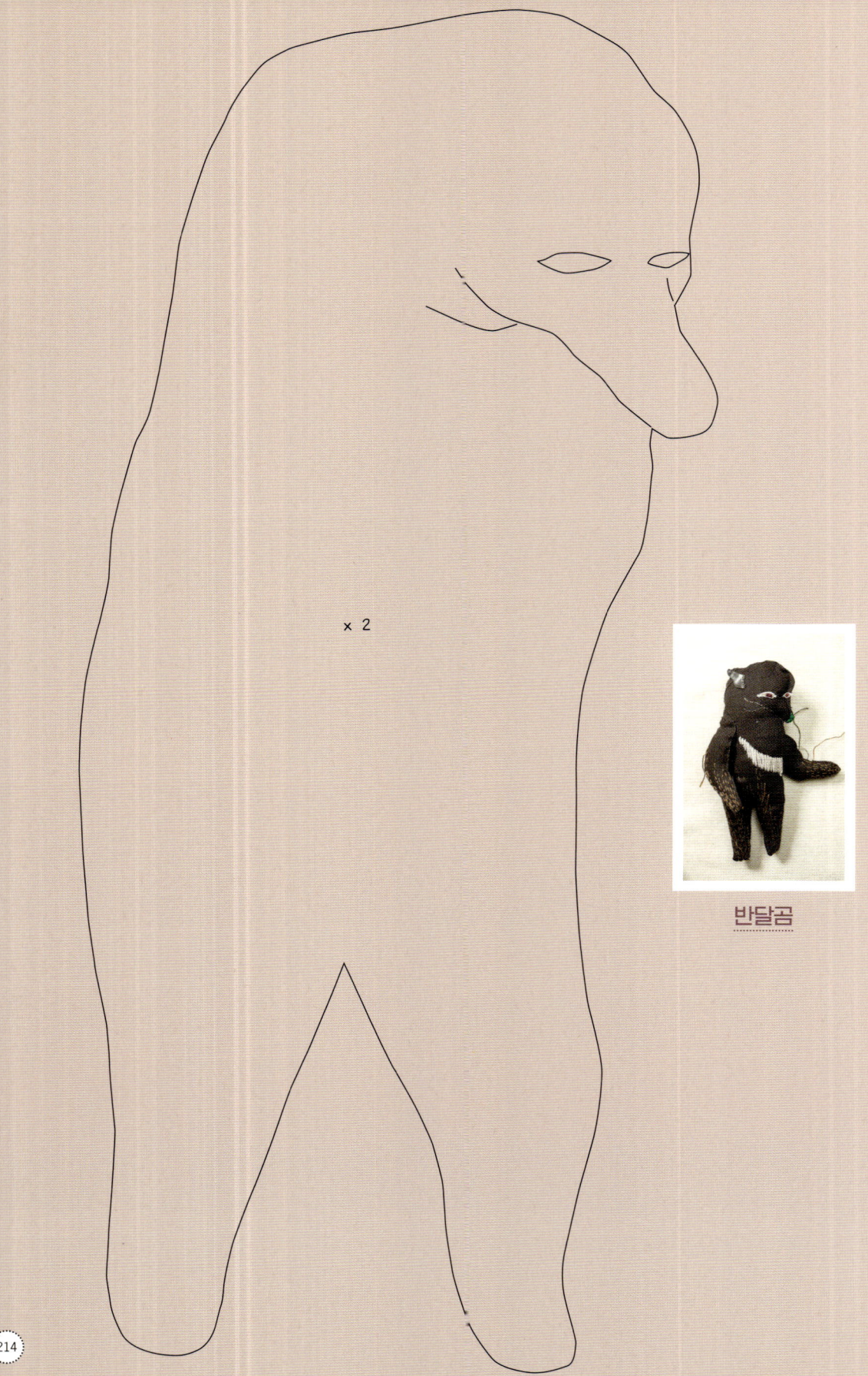

× 2

반달곰

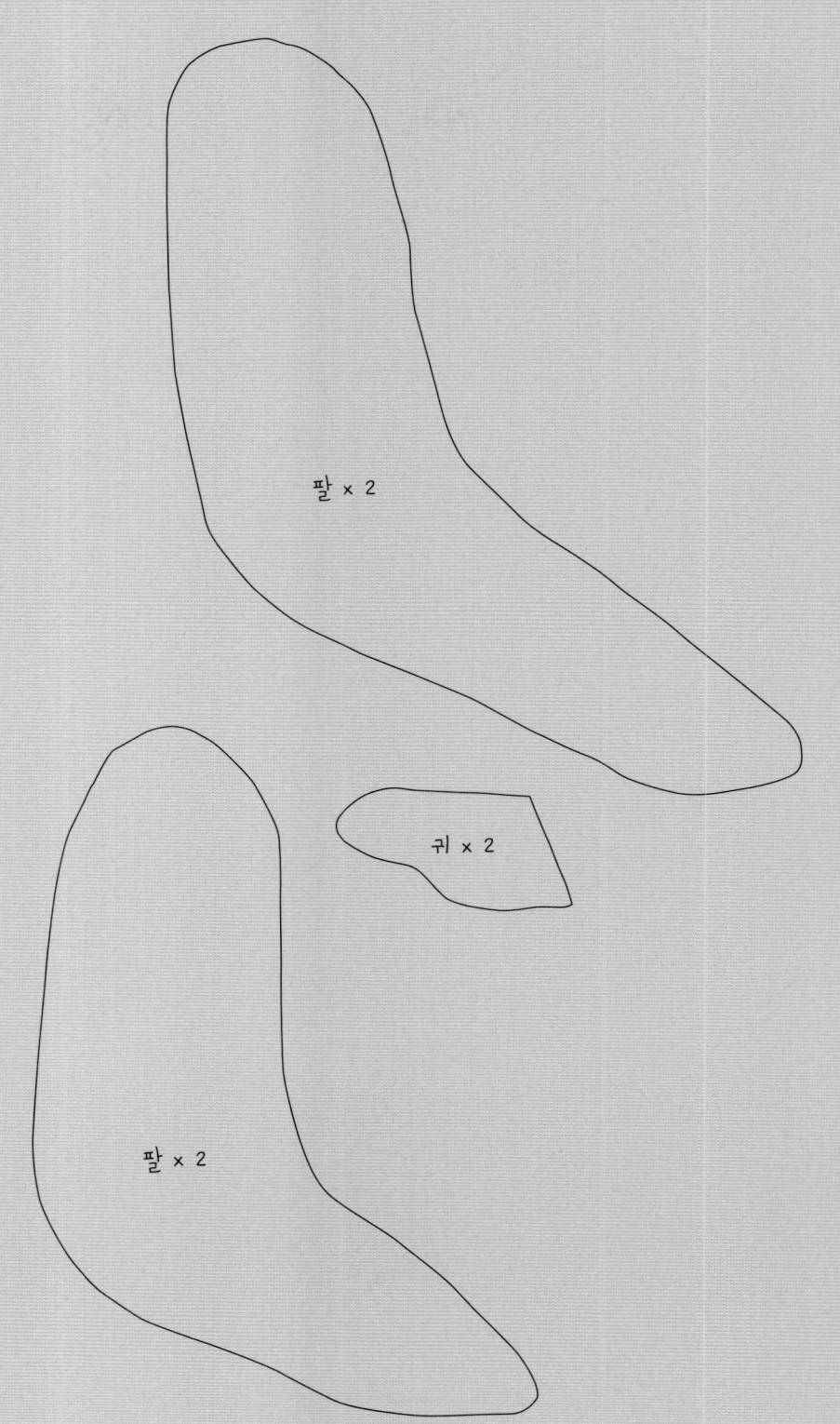

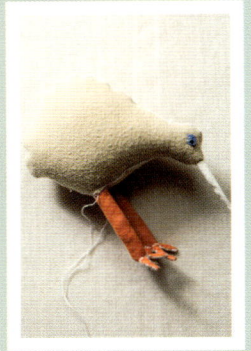

키위새

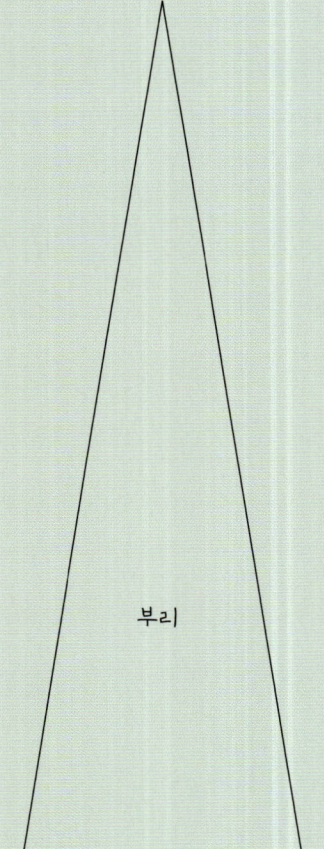

부리

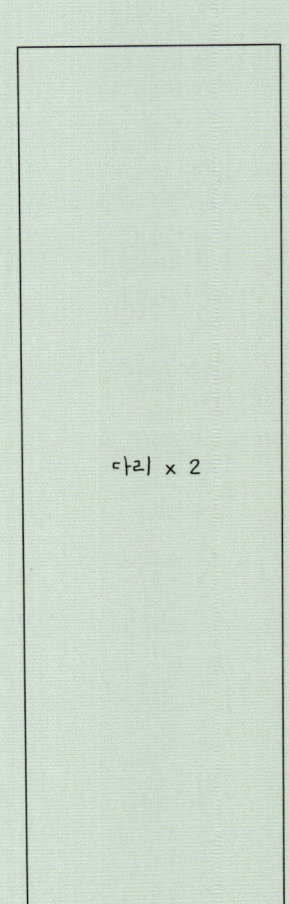

다리 x 2

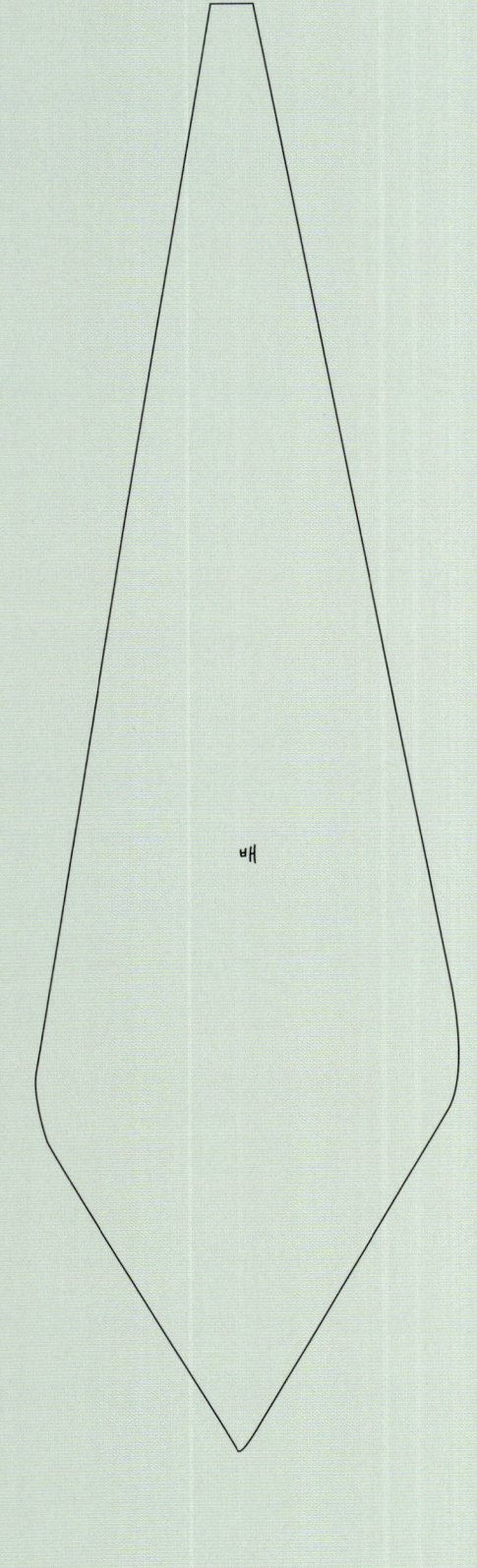

배

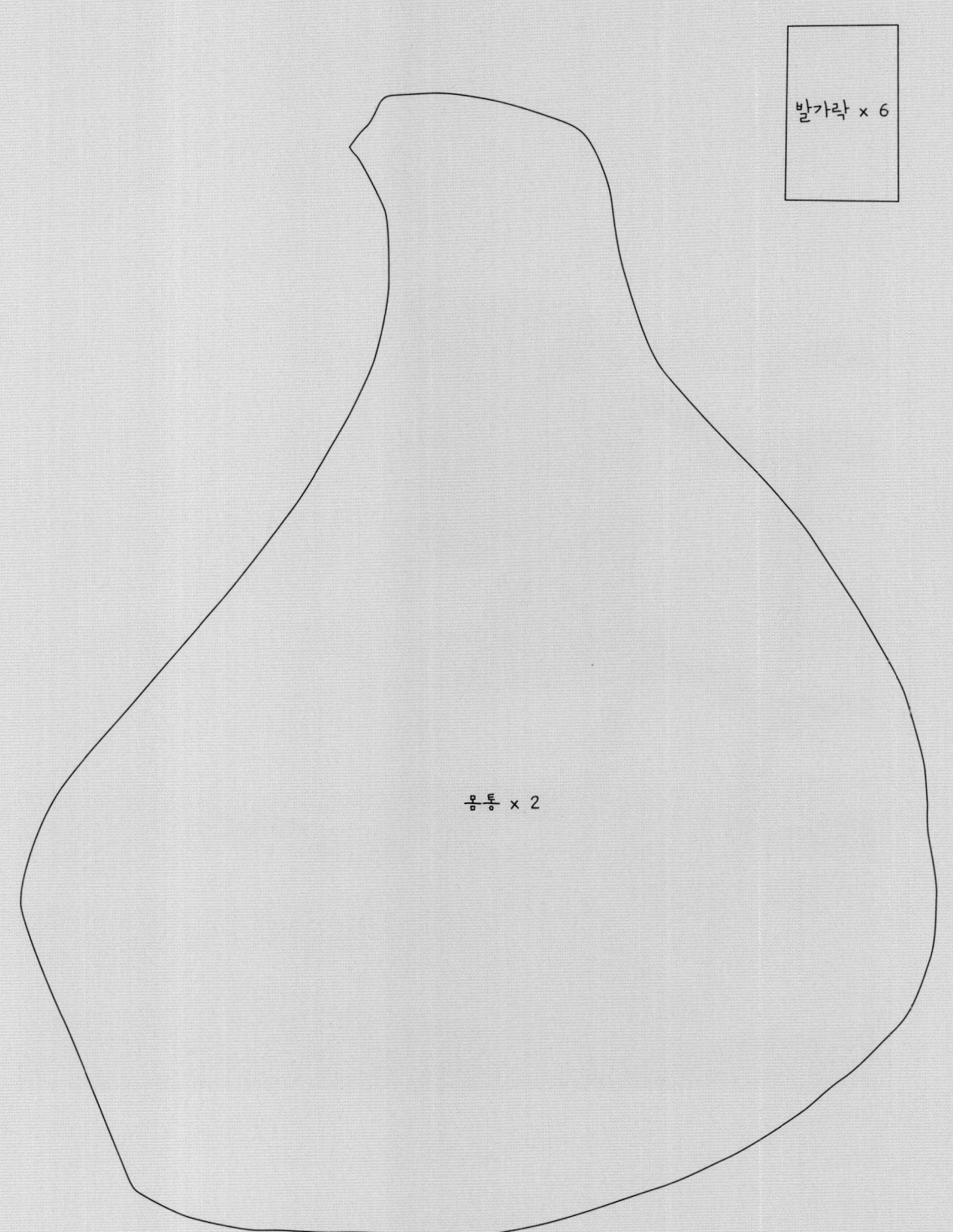

ENDING

평생 친구, 만나셨나요?

마음을 담는 것이 무엇인지.
그것이 가진 힘을 확신하며 시작된 인형 책은 오랜 시간이 걸렸습니다.
아이들과 함께 시골과 정글을 떠돌다 돌아왔을 때
끝까지 같은 곳을 보며 기다려준 에프북 식구들과
늘 곁에서 확인시켜준 가족이 있었기에 용기를 내어
더 많은 사람들과 이야기할 수 있는 기회가 되어
고마울 따름입니다.

내 모든 발걸음을 함께해 주시는 분께 감사를 드리며.

어릴 적 종이 배를 냇가에 띄워 놓고 바라보던 설렘으로
이 책을 마무리합니다.

착한 인형, 두두

초판 1쇄 발행 2016년 4월 5일

지은이 | 강수정
펴낸이 | 김우연, 계명훈
기획·진행 | fbook
　　　　　김수경, 김연, 박혜숙, 김진경, 최윤정
마케팅 | 함송이
경영지원 | 이보혜
디자인 | design group ALL(02-776-9862)
교정 | 김혜정
인쇄 | 애드플러스
펴낸 곳 | for book 서울시 마포구 공덕동 105-219 정화빌딩 3층
　　　　02-753-2700(판매) 02-335-3012(편집)
출판 등록 | 2005년 8월 5일 제 2-4209호

값 15,000원
ISBN 979-11-5900-014-0　13630

본 저작물은 for book에서 저작권자와의 계약에 따라 발행한 것이므로
본사의 허락 없이는 어떠한 형태나 수단으로도 이 책의 내용을 사용할 수 없습니다.

※ 잘못된 책은 바꾸어 드립니다.